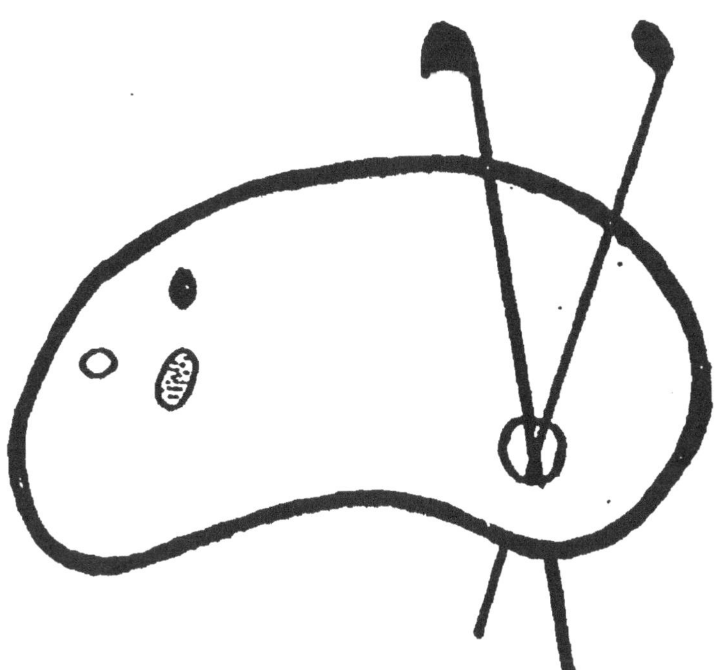

DÉBUT D'UNE SÉRIE DE DOCUMENTS
EN COULEUR

ESSAI

EN L'HONNEUR DU

Martyr WARDANI

sur

les meilleurs moyens à employer

pour affranchir

L'ÉGYPTE

de la

DOMINATION BRITANNIQUE

PARIS 1911

IMPRIMERIE F. LE BORGNE

8, Rue du Parc-Royal - Paris

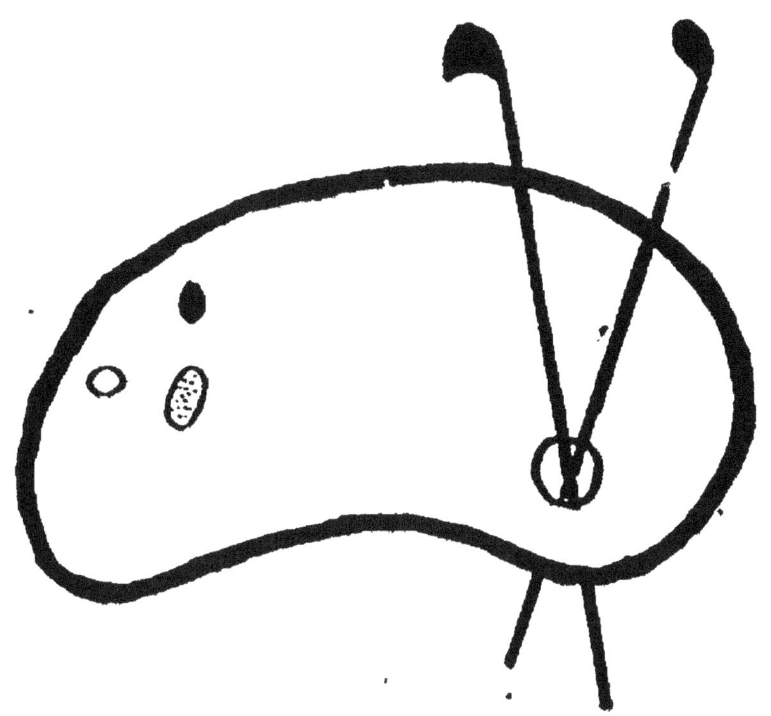

FIN D'UNE SERIE DE DOCUMENTS
EN COULEUR

ESSAI

EN L'HONNEUR DU

Martyr WARDANI

sur

les meilleurs moyens à employer

pour affranchir

L'ÉGYPTE

de la

DOMINATION BRITANNIQUE

PARIS 1911

IMPRIMERIE F. LE BORGNE

8, Rue du Parc-Royal - Paris

CONDITIONS DU CONCOURS

Le prix a été décerné, suivant les conditions et les règlements ci-dessous, en mémoire du patriote égyptien, Ibrahim Nassif El Wardani, qui se sacrifia noblement à la cause de son pays en août 1910.

Le soussigné offre un prix de 1.000 francs pour l'étude la plus étendue des meilleurs moyens à employer pour affranchir l'Egypte de la domination britannique.

1) Toute personne est admise à concourir à ce prix quelle que soit sa race ou sa nationalité et le titre de l'essai sera « Essai en l'honneur du Martyr Wardani ».

2) Tout essai devra être ou écrit à la machine ou imprimé et devra parvenir à l'adresse du soussigné au plus tard le 31 décembre 1910. Il pourra être écrit en anglais, en français ou en arabe, (avec traduction française ou anglaise) et devra être accompagné d'une lettre, mentionnant le nom et l'adresse de l'auteur, son degré universitaire s'il y a lieu, ou toute autre distinction, et dans laquelle il déclarera *bona fide*, avoir composé lui-même l'essai par lui envoyé.

3) L'essai sera examiné par trois juges dont l'un sera le soussigné et les deux autres, deux représentants du parti nationaliste égyptien. Le résultat du concours sera annoncé dans l' « Indian Sociologist » de février 1911.

4) Le prix ne sera pas décerné, si, d'après l'opinion des examinateurs, les essais n'atteignent pas une certaine supériorité absolue. Aucun essai ne sera rendu.

5) Le droit d'auteur deviendra la propriété du soussigné.

SHYAMAJI KRISHNAVARMA,

10, Avenue Ingres, Passy, Paris.

Le 26 septembre 1910.

Le Prix offert pour cet essai

PAR

SHYAMAJI KRISHNAVARMA, M. A. (OXON)

Éditeur de *"The Indian Sociologist"*

A ÉTÉ DÉCERNÉ A

Melle MATHILDE DEROMPS

Bachelière de l'Université de Paris

PARIS

INTRODUCTION

Le Congrès nationaliste égyptien qui devait se réunir à Paris s'est vu forcé par suite de l'opposition du Gouvernement français de tenir sa réunion annuelle à Bruxelles le 23 septembre 1910. C'est à l'occasion de ce Congrès que M. Shyamaji Krishnavarma, éditeur de « The Indian Sociologist » offrit un prix pour un essai sur les meilleurs moyens à employer pour affranchir l'Egypte de la domination britannique.

Le sujet me séduisit. Depuis longtemps, je m'intéresse à la révolution hindoue et bien que ne m'occupant pas particulièrement de l'Emancipation de l'Egypte je ne pus m'empêcher de constater les rapports étroits existant entre l'une et l'autre de ces grandes causes.

Les moyens que j'ai indiqués ne seront probablement pas tous appréciés. Quoi qu'il en soit j'offre cette brochure comme une marque d'intérêt pour l'œuvre des champions de l'Indépendance et je serais fière de leur apporter une humble collaboration.

Quelques-unes des idées que j'ai exposées m'ont été suggérées par l'ouvrage « L'Emancipation de l'Egypte ». Les chiffres commerciaux et les détails économiques ont été pris dans la Revue d'Economie politique de 1907. Toutes les fois qu'il m'est arrivé de citer textuellement ces passages je n'ai pas manqué de le signaler; toutefois, je puis, victime d'une mémoire infidèle, m'être rendue coupable de plagiats inconscients. J'en demande pardon au lecteur qui, je l'espère, tiendra compte de cet aveu.

Cette brochure me suscitera peut-être des ennemis en Angleterre. Elle sera probablement désapprouvée en France. Pour ce qui concerne les Anglais, je dirai que si violent que soit l'amour ressenti pour son pays, si grande que soit l'admiration éprouvée pour son gouvernement, et les décisions des représentants de l'autorité, il est un sentiment qui doit primer c'est celui de justice; il est un amour qui doit dominer, c'est celui de l'humanité souffrante.

La sagesse commanderait à l'Angleterre de reconnaître loyalement les droits des Egyptiens, et le plus important de ces droits, est sans contredit celui de se gouverner eux-mêmes. Bien des vies humaines seraient ainsi épargnées, bien des représailles sanglantes seraient ainsi évitées, car qui peut dire où s'arrêtent les passions exaspérées déchaînées dans les foules. Il peut se commettre bien du mal; il est au pouvoir de l'Angleterre de le prévenir.

Quant à ce qui concerne la France, sans discuter ici ce que vaut pour elle l'alliance anglaise, sans en contester la nécessité ou la sincérité, je ferai remarquer que, toute alliance, pour être durable, doit reposer sur des sentiments mutuels d'estime et de respect, avec le souci du maintien des droits de chacun et de la dignité nationale.

Les concessions faites aux dépens de la liberté et de la justice ne sont que de basses servilités. Je ne veux cependant pas faire intervenir des questions de sentiment dans la politique, mais je ne puis m'empêcher de regretter le passé chevaleresque. L'oubli et l'abandon de la tâche qu'avait assumée la France républicaine de 1792 marque un affaiblissement de son influence morale.

Pour ne s'en tenir qu'à l'Egypte, cet affaiblissement se traduit par le recul progressif de la langue. Et quand la langue disparaît, ce sont les idées qui s'oublient, c'est l'âme même du pays qui meurt.

Ne vaudrait-il pas mieux sacrifier une alliance d'une durée et d'une solidité douteuse, à notre influence parmi les peuples, à leur affection et et à leur respect, sinon à leur gratitude?

Mathilde DEROMPS.

L'AVENIR DE L'ÉGYPTE

—————

I

CE QUELLE DOIT ÊTRE

Ce qui frappe tout d'abord dans l'organisation des mondes et puis-qu'ici c'est l'Europe qui va nous occuper particulièrement, dans l'orga-nisation de l'Europe, c'est la ressemblance qu'elle présente avec un corps organisé, le corps humain par exemple.

Dans le corps humain, un appareil est indépendant de l'appareil voisin; il a sa fonction propre, qui ne peut être remplie que par lui. Tous cependant font partie du même corps et leur bon fonctionnement contribue et même est indispensable au bon état, à l'existence de l'être. Tous sont solidaires, ce mot désignant le rapport qui unit les parties d'un même tout, mais nulle fusion n'est possible entre eux. Ce même fait se retrouve dans l'organisation de l'Europe. Chacun des Etats qui la constituent a son individualité propre; séparé des autres par ses idées, ses constitutions, son caractère, il a sa fonction propre à remplir dans le comité des nations européennes. Mais du travail de chacun dépend la prospérité de tous; le progrès accompli par l'un sert à l'autre, de sorte qu'ils sont liés les uns aux autres et qu'aucun ne peut se désin-téresser complètement de son voisin. Un changement dans la situation de l'un, entraîne un changement dans celle de l'autre. Les faits d'ordre économique s'entre-tiennent tout particulièrement. Grève des chemins de fer de France, cherté des vivres en Angleterre, pour citer un exemple concret et récent.

Il résulte de ce fait qu'une nation puissante ne peut s'annexer d'une façon durable, une nation plus faible. La nationalité d'un pays peut paraitre détruite alors qu'elle n'est qu'englobée. Cette disparition ne peut être que temporaire. Un peuple conquis, soumis en apparence, semble faire partie intégrante du peuple conquérant. Erreur. A la moindre rupture, à la moindre fêlure dans le bâtiment, tout s'écroule, cette nationalité que l'on croyait anéantie reparait toujours réelle et vivace. Que l'étreinte étrangère se relâche, soit par la violence de la guerre, soit à cause de convulsions intérieures, cette nationalité s'affir-mera de nouveau avec une vigueur plus grande.

On s'étonne de voir que le démembrement de la Turquie, au lieu de servir à l'accroissement des puissances voisines n'aboutit en fait qu'à la création de petits Etats indépendants : Serbie, Roumanie, Roumélie, Bulgarie. C'est que ces peuples n'ont jamais pu perdre leur caractère national, et indépendants, ils l'étaient autrefois. C'est pourquoi les annexions violentes ne pourront subsister. C'est pourquoi l'annexion brutale de l'Alsace-Lorraine constitue une menace perpétuelle pour la paix européenne. C'est pourquoi encore l'état d'asservissement de l'Egypte ne peut durer.

Elle a atteint le moment où sa nationalité passée doit se faire jour à nouveau. Il est temps qu'elle reprenne sa place parmi les nations libres. Cette place elle y a droit par sa position, sa richesse, son passé. Il y a quelques siècles peut-être on eût pu négliger l'élément indigène; mais des années de culture ont permis à l'Egyptien de se rendre compte de sa valeur et du rôle qu'il a à remplir. Et cette disposition d'esprit s'affirme de jour en jour; les classes cultivées ayant principalement reçu leur instruction soit à l'Université de France, soit dans les écoles supérieures du Caire ont su s'assimiler les idées européennes propres à leur faire discerner clairement leur nationalité. Lorsque l'Egypte aura atteint complètement cette phase de dévloppement aucun pouvoir ne pourra la détourner du cours naturel de son évolution qui est d'être un pays libre. Nul ne peut contester que ce pays s'est éveillé à sa vocation nationale et on est forcé de reconnaitre que ce sentiment gagne du terrain avec une extrême rapidité.

Il est nécessaire ici d'ouvrir une parenthèse, concernant la situation future de l'Egypte. (Il est indispensable pour préparer un plan soit d'attaque, soit de défense de scruter en quelque sorte l'avenir pour trouver la direction qu'il convient de prendre, trouver ce que Claude Bernard appelait dans un autre ordre de faits, l'idée directrice.) Nous n'allons pas ici entreprendre une étude détaillée sur la question d'Egypte, nous renvoyons pour cette question, le lecteur à l'ouvrage de M. de Freycinet.

Cependant, pour la situation future de l'Egypte, une remarque s'impose.

L'Egypte présente l'avantage énorme de posséder une voie de communication mondiale, le canal de Suez et c'est ce qui fait tout son intérêt en ce temps où toute lutte est économique, où les combats sont livrés pour des avantages commerciaux. D'où nécessité pour les nations de neutraliser ces lieux de passages, et de neutraliser les pays dans lesquels ils sont situés, formant ainsi en quelque sorte des tampons qui amortissent les chocs d'intérêts et de rivalités mercantiles. La Suisse nous en fournit un exemple excellent. L'Egypte nous en fournira un autre. L'Egypte devra être un état neutre.

Cete neutralité en lui garantissant la paix à l'extérieur lui permettra de se développer à l'intérieur e* d'accroître sa force et sa richesse en tant que pays économique (1).

Il est très possible que les Egyptiens ne soient pas encore assez profondément imprégnés du sentiment de leur droit à une existence nationale distincte, pour se décider sur-le-champ, à affirmer ce droit à tout prix, mais il est certain que cette idée se fortifiera en eux avec les années et les conduira à prendre la résolution énergique. C'est cette idée qu'il convient tout d'abord de répandre et de développer parmi la masse des indigènes; il faut que cette idée en pénètre la moëlle avant de songer à exposer de façon sérieuse et absolue des revendications d'indépendance. C'est à cela, tout d'abord, que le parti nationaliste doit s'attacher; c'est là la mission de la classe privilégiée à qui s'est offerte une éducation européenne complète. Ils devront la répandre par tous les moyens possibles. Il y a lieu d'insister tout particulièrement sur ce point, car on ne doit pas perdre de vue que le mouve-

1) *L'Emancipation de l'Egypte, A, 7.*

ment, qu'il soit militaire ou économique doit être avant tout un mouvement national. Il ne doit être que l'expression du vœu du peuple. Car ce sont les mouvements nationaux et populaires qui sont les plus violents. Ce sont les chants du cœur, les accents jaillis de foules en hâillons, ce sont les cris enthousiastes qui ont le plus d'effet. Il faut que ce soit un cri d'indignation et de révolte clamé par les douze millions d'Egyptiens, cri jailli comme d'une bouche unique et d'une seule poitrine qui retentisse aux oreilles de l'Anglais et non pas le cri vibrant sans doute, mais trop faible et trop grêle des étudiants et des lettrés. Voilà à quoi doit viser tout d'abord la portion patriotique, mission difficile sans doute, étant donné le régime censurier et intolérant des gouvernants financiers anglais, mais qui n'en devra être poursuivie qu'avec plus de zèle et d'énergie. Le parti nationaliste doit tout d'abord se souvenir de la devise belge « L'Union fait la force ». Il doit se rappeler que la domination anglaise en Egypte et dans l'Inde repose sur le principe : « Diviser pour régner » et doit rechercher avant tout une cohésion parfaite, une union étroite de chacun de ses membres, le groupement de chacun de ses tronçons pour former une masse inébranlable qui par l'étendue de ses vues et la solidarité de chacune de ses parties aura d'autant plus d'efficacité pour lutter contre la brutale domination anglaise; chacun de ses membres devra apporter à l'œuvre de libération commune son énergie, ses aptitudes, son désintéressement. Il devra faire connaître par tous les moyens possibles, à l'aide de brochures et de journaux exposant d'une façon claire la situation de leur pays et mettant en lumière la légitimité de leurs droits, prêchant la tolérance mutuelle car là encore comme dans l'Inde, nous retrouvons cette rivalité religieuse s'élevant ici entre les chrétiens et musulmans, idéalisant comme martyrs tous ceux qui luttèrent contre le gouvernement anglais de quelque façon que ce soit. Cette parole devra être prodiguée à tous Koptes et fellahs, depuis le pacha jusqu'à l'humble laboureur de façon à développer chez les uns à faire éclore chez les autres cette belle idée de patrie.

Nous ne prétendons pas par là faire l'apologie de l'assassinat politique. Nous le déplorons tout en le comprenant. Loin de nous la pensée de l'indiquer comme moyen; mais il est juste de dire que celui qui risque sa vie en s'en prenant à celle du représentant de l'autorité étrangère montre combien est violente chez lui la douleur de voir l'ennemi installé en maître et puissant le désir de libérer son pays. C'est pour cela qu'il doit être honoré car l'audace qu'il montre peut faire des exemples et faire réfléchir les spectateurs, et son acte a un résultat et par les questions qu'il soulève et les réflexions qu'il suggère. Sans doute, les moralistes, les philosophes, les philanthropes, rêvant la paix, l'union du genre humain s'élèveront contre une telle assertion, mais professant leurs théories entre les murs de leur cabinet de travail, ou les rosiers de leur jardin, ils n'ont pas assisté à l'intrusion, au pillage, à l'exploitation. Si l'on ne veut pas lutter contre le mal, que le mal n'existe pas. On a dit que ce qui dans la vie privée s'appelle mensonge s'appelle compromis en politique, de même nous dirons : ce qui s'appelle meurtre dans la vie civilisée devient légitime défense dans le cas de l'usurpation. On écrase la mouche qui vous pique, on détruit le vampire qui vous suce, on anéantit l'étranger qui vous vole. Ce moyen extrémiste, ce n'est pas nous qui le conseillerons ou tout au moins, ce ne sera qu'à la dernière extrémité. Nous savons qu'il importe peu d'anéantir le tyran si la tyrannie subsiste.

Qu'importe de supprimer ceux qui représentent un principe si vous n'arrachez pas ce principe lui-même. Nous reconnaissons la justesse des paroles de Louis Blanc : « Le mal est au fond des choses quand il est ». Il n'existe pas parce que quelqu'un le représente; quelqu'un le représente parce qu'il existe! Il ne sert de rien de faire disparaître la personnification lorsqu'on laisse subsister le principe personnifié, toute chose créant un homme pour son usage.

Les têtes de l'Hydre de Lerne ne repoussaient-elles pas à mesure qu'on les coupait avant qu'Hercule ne vint les abattre d'un seul coup?

Maintenant, comment les nationalistes pourront-ils agir efficacement? Quels seront les moyens pratiques à employer pour arriver à leurs fins? On devra remarquer que par suite de l'intolérance britannique, tout moyen employé devra être secret.

Il y aurait lieu de grouper tous les nationalistes en une ligue pour l'indépendance quelque peu analogue au comité régissant la politique du gouvernement turc actuel sous le nom : « Union et Progrès ». On sait comment est organisée cette ligue, association jeune turque comptant quelques adhérents à peine sous le règne hamidien, puis qui, brusquement en groupa 350.000 au lendemain du soulèvement émancipateur. Un rituel d'accès quelque peu franc-maçonnique sert à lui donner ce renom mystérieux qui a tant de prestige sur les hommes. Le mystère, n'est-ce pas quelque chose de puissant? N'est-ce pas lui qui séduit les âmes simples? Elle l'a montré ce prestige en exerçant sur les actes du pouvoir et du parlement un contrôle aussi rigoureux qu'occulte. On connaît son organisation.

Comptant des clubs et des sections dans tout l'empire, chacun de ses membres abandonne à la caisse du parti en guise de cotisation 2 % de ses appointements ou de ses profits; tous les groupes locaux relèvent d'un comité de canton (caza), soumis lui-même à un comité de district (sandjak), dépendant à son tour du conseil de la province (vilayet) enfin, la ligue entière obéit militairement aux décisions d'un bureau central directeur de 5 membres, dont le public ignore les noms. Supposons une ligue analogue dirigeant la jeune Egypte, recrutant des adhérents dans tous les lieux et dans tous les milieux, ayant un poste central situé non pas en Egypte même mais, soit en Tunisie, soit dans la vieille forteresse madhiste, centre à la fois de direction et de publication

Les cotisations des membres seraient employées au gré des dirigeants partie à l'impression et à la distribution de brochures et journaux, et surtout à l'enseignement populaire, partie au développement économique du pays : exploitation des ressources, rachat des entreprises actuellement aux mains d'étrangers, de façon à rendre le pays de moins en moins tributaire de l'Europe.

Pourquoi n'utiliserait-on pas les propriétés des courants induits, le perfectionnement de la télégraphie et de la téléphonie sans fil pour relier ce poste central à des postes secondaires situés dans diverses parties de l'Egypte, aux vieux temples, etc. Il n'est pas impossible de dissimuler l'antenne et le radiateur d'un poste transmetteur, de dissimuler également le dispositif de l'appareil récepteur.

On aurait ainsi un réseau complet de communications entre les divers groupes. Avantage inappréciable qui permettrait de commander à la fois aux diverses sections lorsque le moment décisif serait arrivé et de lancer des ordres dans toutes les directions. Ne pas oublier qu'ordre et discipline devraient en être la règle.

Avant de poursuivre l'étude des moyens que l'Egypte aurait à employer pour secouer le joug britannique et d'entrer plus avant dans la question; considérant que l'Egypte n'obtiendra son indépendance que si cette indépendance n'est pas en opposition directe avec les intérêts de la plupart des puissances européennes, nous allons examiner rapidement la situation respective des puissances vis-à-vis de l'Egypte s'il y a lieu, quel secours il se pourrait que l'Egypte en attendît et la valeur ou l'utilité pour elle d'une telle aide.

II

AUCUNE PUISSANCE N'INTERVIENDRA EN ÉGYPTE LES NATIONALISTES NE DOIVENT COMPTER QUE SUR LEURS PROPRES FORCES

Pour se délivrer de la domination britannique, le parti nationaliste aurait une tendance toute naturelle à se tourner vers les puissances étrangères pour en attendre un secours. Beaucoup se tourneraient particulièrement avec confiance vers la France qui a imprimé plus fortement son empreinte sur eux. Un examen des intérêts de chaque pays montrera la vanité d'un tel espoir. Nous ne sommes plus au temps où les nations allaient au secours des nations opprimées, dans le seul but de défendre une idée ou un principe, agissant de par la tendance chevaleresque qui pousse le fort à aider le faible. Ce dévouement chevaleresque est bien loin de notre époque où l'intérêt seul règne en maître.

Et l'on peut affirmer que nulle nation n'ira aider le nationaliste égyptien si elle n'y trouve un intérêt personnel et puissant. Une étude sommaire de la situation respective des pays ayant des relations avec l'Egypte, et de la nature de ces relations montrera seule ce qu'il faut attendre d'une telle possibilité. Il est à remarquer que de tous ces pays, seule l'Angleterre a une vocation franchement impériale.

Cette vocation lui est nécessaire pour vivre, et la sécurité extérieure que lui assurent et sa position insulaire et la supériorité de sa flotte lui permet de s'y livrer. Ni l'Allemagne au contraire, ni la France ne peuvent se risquer à expédier 200.000 hommes ou même un nombre beaucoup moindre sans détruire dangereusement leur équilibre i..érieur. (1) Elles ont leurs frontières à défendre. De plus, elles sont aux prises à l'intérieur avec des difficultés qu'un désastre lointain viendrait aggraver. Elles ne se risqueront donc pas à de grands sacrifices pour des conquêtes lointaines qui au contraire seraient permis à des pays tels que la Hollande.

Parmi les pays ayant quelque intérêt à l'Egypte, on ne sera pas étonné de voir la France figurer en première ligne tant elle a eu d'influence sur ce peuple. C'est dans des écoles françaises que sont instruits la plupart des jeunes Egyptiens. Les écoles nationales sont dirigées par des Français.

Le Français est pour ainsi dire encore la langue officielle bien qu'il n'ait plus maintenant l'importance qu'il avait autrefois. Un fait bien

(1) *L'Émancipation de l'Égypte, A. Z.*

propre à le mettre en évidence est l'usage qu'il en est fait en Egypte même par les fonctionnaires anglais.

La France inspira Méhémet-Ali qui rêvait la résurrection de son pays. Le canal de Suez fut de conception française, ce furent des ingénieurs français qui en tracèrent les plans.

Les canaux d'irrigation, source de la prospérité de l'Egypte furent inaugurés par des Français. La France a semé les idées de progrès elle a été l'initiatrice, mais les Anglais ont fait passer ces idées dans le domaine des faits et accaparé l'industrie, le commerce, l'administration du pays. Le service d'irrigation du Nil, qui domine toute la vie est sous la dépendance de leurs ingénieurs dont on ne peut nier d'ailleurs la compétence. Ce sont eux qui ont « monnayé nos idées ». Quoi qu'il en soit, elle a gardé le domaine désintéressé, celui de la haute culture littéraire et scientifique domaine qui a sa grandeur, avec l'école française d'archéologie, dirigée par M. Maspéro, secondé par des collaborateurs tels que MM. Legrain, Daressi, etc.

Enfin, il faut dire que de la somme de plus de deux milliards d'argent européen placée à intérêt en Egypte, la majeure partie est celle des capitalistes français.

Les Egyptiens unis à la France par des liens si étroits pourraient avoir fondé quelque espoir sur son aide. La France pourraient-ils penser, battue en Egypte, supplantée par les Anglais, serait trop heureuse de prendre une revanche en aidant les Egyptiens à reconquérir leurs droits. Or, une étude de la situation passée et de la situation présente de la France montrera que cet espoir doit disparaître. Nous avons dit pourquoi l'impérialisme n'est pas possible pour la France. Devant veiller sans cesse au maintien de la paix à l'intérieur, elle ne pourrait se lancer dans une entreprise à issue problématique, issue qui, si elle était mauvaise, aurait une répercussion désastreuse chez elle. Elle a laissé se perdre volontairement des empires, nous citerons l'Inde et le Canada. Nous avons une idée de la façon dont elle considérait l'importance de ses possessions lointaines par ces seuls mots : « Quand le feu est à la maison on ne s'occupe pas des écuries ». Nous la voyons refuser dédaigneusement de combattre pour « quelques arpents de neige ». Elle n'a fait réellement des efforts que pour la conquête de pays situés près d'elle et pouvant lui être un solide appui. Cependant, quoique regardant à envoyer des combattants pour conquérir ou même conserver des empires, un certain esprit chevaleresque la poussait à combattre pour le droit des peuples, quitte ensuite à s'en faire dédommager. Mais cet esprit chevaleresque, s'il a jamais existé, s'est pour toujours évanoui. Par la dernière convention du 8 avril 1904, la France renonçait à toute prétention sur l'Egypte et s'abstint désormais de demander qu'un terme soit fixé à l'occupation britannique dans ce pays. L'Angleterre d'ailleurs, de son côté, a décidé, par la même convention, que seule la France doit pacifier le Maroc et lui prêter son assistance pour toutes les réformes administratives, économiques, financières et militaires dont il a besoin. Et l'entente dite cordiale, mais surtout de nécessité et d'intérêt, lui interdit de risquer une rupture. Les rapports toujours tendus avec l'Allemagne l'obligent à compter sur la flotte anglaise. Du reste, si les Egyptiens avaient conservé le moindre espoir de ce côté, les faits qui ont pris place pendant ces dernières années, et tout particulièrement pendant ces derniers mois, les auraient bien vite détrompés tant il s'y manifeste un désir ardent, une volonté constante d'éviter toute cause de dissentiment. Nous citerons deux faits tout récents : 1° Le peu d'empressement avec lequel le gouvernement français fit valoir le droit d'asile dont se réclamait le jeune révolutionnaire hindou Savarkar évadé en juillet dernier, à Marseille, du vaisseau « Morea » et repris par les policiers anglais sur le sol français, ce fait a suscité quelque rumeur grâce à l'activité des socialistes français qui ont obtenu que l'affaire soit prochainement (le 14 février 1911), soumise à un tribunal d'arbitrage, mais, sans cette circonstance, on peut être certain que le fait aurait été étouffé à la fois par les deux gouvernements.

2° L'interdiction du Congrès Egyptien qui devait se tenir à Paris et s'est vu forcé de se transporter à Bruxelles le 23 septembre dernier.

Après la France, s'il est un pays dont il semble que les Egyptiens doivent espérer quelque secours, c'est l'Allemagne. Les motifs qui pourraient la faire agir, ne seraient pas des motifs philanthropiques ; ce ne serait pas l'amour de la liberté ou du droit, mais la rivalité existant entre elle et l'Angleterre, rivalité ayant pour objet la vie même du pays puisqu'elle est économique et nous voyons cette rivalité se manifester même en Egypte, ainsi qu'en témoigne l'examen des relevés du canal de Suez. Dans les premières années, les navires anglais et les cargaisons anglaises comptaient pour les 4,5 des recettes, mais, dernièrement, son pour cent a diminué rapidement. Au commencement de l'occupation 71/100 des recettes étaient anglaises ; en 1900 ces mêmes recettes sont tombées à 5 % et cette baisse est due à l'augmentation des navires allemands. Il a été assez communément répandu, pendant ces derniers mois, que l'Allemagne serait toute disposée à tendre la main aux nationalistes de l'Inde et de l'Egypte, commençant ainsi la lutte sur les bords du Gange et du Nil en attendant de la finir sur la Tamise. Mais un rapide examen montrera que l'espoir fondé sur Berlin n'a pas plus de solidité que l'espoir fondé sur Paris, et ceci est dû à la transformation profonde qu'a subie l'Allemagne depuis le siècle dernier. L'Allemagne ne peut plus compter comme une voix neutre au chapitre de l'Europe. Dans les affaires d'Orient, notamment, son influence est considérable. Elle cherche à s'étendre vers l'Est et essaye de germaniser l'Asie Mineure, en attendant l'occasion propice pour s'y installer d'une façon définitive et absolue. Elle a indubitablement l'intention d'établir un poste sur la côte Est de la Méditerranée et de s'étendre, si possible, jusqu'au golfe Persique. (1)

Il est évident que l'Allemagne ne peut atteindre ses vues, si elle ne veut pas employer des moyens violents qui seraient ruineux pour elle, qu'en se conciliant les puissances qui peuvent s'opposer à sa marche vers l'Orient. C'est à cela que se rattache son intérêt pour l'Egypte et non pas à l'importance des rapports directs qu'elle peut avoir avec ce pays et nous verrons qu'elle trouve son avantage dans la situation actuelle.

L'Allemagne ne cherchera pas à discréditer la position de l'Angleterre en Egypte puisqu'elle trouvera là un précédent à ce qu'elle rêve de faire en Asie Mineure, et sera heureuse de lui lier les mains. Donnant, donnant, laissez-moi libre en Asie Mineure, je vous laisserai libre en Egypte. Tant que l'Angleterre restera en Egypte, elle ne pourra protester contre la tentation de sa rivale de former une autre Egypte avec l'Asie Mineure, y compris peut-être l'Euphrate, sous peine d'être en désaccord grossier avec ses propres actes.

On peut facilement en déduire l'attitude que prendra l'Allemagne vis-à-vis des nationalistes égyptiens.

Ces deux facteurs importants éliminés, nous allons rechercher quelles pourraient être les dispositions d'Etats ayant un intérêt secondaire dans

(1) L'Emancipation de l'Egypte A. Z.

la question, mais dont nous allons dire quelques mots, afin de dégager complètement la situation de l'Egypte. Ce sont l'Italie, l'Autriche. L'Italie ne peut voir dans l'Egypte qu'un débouché pour l'excès de sa population. Dans un conflit anglo-égyptien, elle serait certainement mal disposée pour l'Angleterre qu'elle considère, non sans raison, comme un des agents principaux de ses malheurs en Abyssinie. L'Egypte eût pu lui inspirer un intérêt plus puissant autrefois, alors que, possesseur d'un débouché très important sur la côte de la mer Rouge, en Erythrée, son ambition était d'assurer un brillant avenir à ce débouché en annexant l'arrière-pays; mais, depuis le désastre d'Adoua, alors que son espoir de former une grande puissance à l'est de l'Afrique est maintenant définitivement éteint, la question devient pour elle d'une suprême indifférence et l'intérêt qu'elle pourrait porter aux efforts des nationalistes, ne serait que tout passif, sans aucun effet donc et inspiré uniquement par son ressentiment contre l'Angleterre.

Quant à l'Autriche, on remarquera que ses conquêtes politiques et territoriales ne couvriront que le terrain où son commerce s'est déjà infiltré. Elle prédomine dans les Balkans où réside sa seule chance d'expansion impériale, le champ lui étant fermé vers l'Italie et l'Allemagne. L'Angleterre pourrait avoir des raisons sérieuses pour contrarier les plans d'extension de l'Autriche. Celle-ci aurait donc tout intérêt à ne pas s'aliéner les sentiments cordiaux de celle-là.

D'ailleurs, l'augmentation des colons autrichiens en Egypte est remarquable et les relevés commerciaux fournissent des indications d'un commerce important entre les deux pays. Un changement de l'état actuel aurait peut-être pour résultat un arrêt de cette progression.

Nous allons maintenant étudier un peu à part la Turquie, considérée encore comme la suzeraine actuelle de l'Egypte. (1) Comme influence étrangère elle prend rang immédiatement après l'Angleterre, tant pour l'importance qu'elle a au point de vue commercial, les importations de la Turquie en Egypte n'étant guère au-dessus de la moitié des importations annuelles du Royaume-Uni, qu'au point de vue judiciaire. (On sait que les droits de justice ont pour base les capitulations, traités à titre individuel entre les différentes nations et la sublime Porte). Au point de vue social le Turc reste un facteur extrêmement important, il a un grand nombre d'amis, plus peut-être qu'au temps de sa puissance.

L'Egypte mahométane est attachée par de puissants liens religieux au sultan comme kalife, comme défenseur des fidèles et le sultan a encore la nomination de l'importante charge du grand cadi. Il faut encore se rappeler que le khédive est nommé et investi de la dignité de gouvernant de l'Egypte par le sultan et que la constitution du pays est dans la pratique définie par lui. Le désir de la Turquie serait-il de supplanter l'Angleterre?

Peut-être pour relever son prestige abaissé. Mais il ne faut pas oublier que la conquête de l'Egypte exigerait une flotte, protégée qu'elle est dans l'intérieur par le solide rempart du Soudan anglais. La Turquie sans flotte ne pourrait dominer la Méditerranée et la mer Rouge. De plus, l'Egypte éliminée, le partage de la Turquie se trouverait simplifié; aussi pendant les trente dernières années la Turquie n'a-t-elle pas montré la moindre intention hostile. Elle sait trop bien que ses forces dirigées de ce côté ce serait le signal de son démembrement. Et les Jeunes Turcs ont assez de difficultés à vaincre à l'intérieur pour ne pas s'attaquer à une puissance qui aurait tôt fait de les réduire à merci. D'ailleurs, les

(1) L'Egypte paie à la Turquie un tribut s'élevant à 700,000 francs.

paroles prononcées à la Chambre par le Président du Conseil Hakki Pacha, le 3 décembre dernier dénoncent ses intentions pacifiques : « Nous avons de bonnes relations avec toutes les puissances, nous observons la même attitude à l'égard de la triple entente qu'à l'égard de la Triplice. Prétendre le contraire est commettre une inexactitude ».

On sera peut-être surpris de nous voir mentionner maintenant la grande République américaine qui, située dans une autre partie du monde, ne peut porter qu'un intérêt insignifiant à l'Egypte (si ce n'est pour la production du coton). Il est en effet superflu de dire que si elle cherche à étendre son activité quelque part, ce ne peut être que sur les deux hémisphères de l'Amérique. Si nous jugeons à propos d'en dire quelques mots, c'est qu'en juillet 1909 le jeune Hindou Madar Lal Dhingra condamné à mort pour avoir assassiné le 1ᵉʳ juillet de cette même année, Sir Curzon Wyllie, fit une déclaration qu'il termina par ces mots : « Je fais cette déclaration pour justifier ma cause aux yeux du monde entier et surtout de nos amis, les Américains et les Allemands ». C'est que les Américains sont considérés comme les rivaux de l'Angleterre, au même titre que l'Allemagne sur le marché mondial. Mais les Américains iraient-ils jusqu'à combattre pour émanciper les peuples? Non. Ils ont bien voulu recevoir, ils ne voudront pas donner. Donner des conseils oui, mais non des secours. Et, quels conseils! Etablissez votre autorité sur l'Egypte avec plus de cruauté où allez-vous en, disait, il y a quelques mois à Londres, l'ex-président Roosevelt en des termes un peu différents mais dont la signification était la même. Le Yankee d'ailleurs est Anglais avec ses qualités et ses défauts exagérés. Dès lors, aucun désintéressement à en attendre. Combien de dollars nous vaudra la libération de l'Egypte? Voilà la question qu'ils poseront tout d'abord. Aucun. Alors ne comptez pas sur nous.

Voici les puissances définitivement écartées comme facteurs dans l'émancipation de l'Egypte. Cette rapide étude préliminaire nous a permis d'arriver à la conclusion que l'Egypte ne doit chercher qu'en elle-même les moyens d'atteindre son but. C'est la recherche proprement dite, de ces moyens que nous allons entreprendre maintenant

III

ÉTUDE SUR LES MOYENS A EMPLOYER
PAR L'ÉGYPTE POUR ATTEINDRE SON BUT

Un ou deux siècles auparavant, un soulèvement eût été le seul moyen à employer pour secouer le joug étranger et dans le cas présent on n'eût eu d'autre pensée que d'armer tant bien que mal les fellahs pacifiques et de les soulever contre les gouvernants britanniques. Mais maintenant, nous l'avons déjà dit, que toute lutte est économique, que les puissances combattent non pas pour des territoires en tant que territoires mais pour des postes stratégiques et commerciaux, (points de croisements, lieux de passage), pour des traités de commerce, pour des concessions de chemin de fer, en un mot pour tout ce qui contribue à un développement économique, on voit qu'il y aurait pour l'Egypte une plus grande chance de réussite et une diminution de risques à combattre l'Angleterre sur ce terrain qu'à provoquer un soulèvement de paysans, soulèvement qui pourrait tout au plus se comparer à ce que fut la chouannerie en France.

Cependant, comme il faut tout prévoir et avoir pour employer une expression triviale mais juste plusieurs cordes à son arc, il serait bon de se réserver une certaine force armée dans le cas où les moyens pacifiques, la lutte à coups de bourse et de marchés ne réussirait pas. Ainsi donc la possibilité de produire un mouvement militaire sera étudiée ultérieurement.

On dit que pour combattre efficacement un ennemi, il faut autant que possible connaître exactement sa position et sa force. Nous n'avons guère parlé jusqu'à présent de l'Angleterre en Egypte. Cependant il serait nécessaire de savoir comment elle a été amenée à occuper ce pays, quels sont les motifs qui l'y ont poussée, quelle est la position qu'elle y occupe actuellement, quels sont les avantages qu'elle en retire afin de détacher les moyens de la combattre sur son propre terrain en sapant l'une en rendant les autres illusoires de façon à rendre son occupation inutile autant qu'illogique.

C'est depuis longtemps déjà que nous voyons l'Angleterre chercher à avoir un rôle prépondérant en Eypte et à en exclure la France. Tandis que nous voyons M. Thiers essayer de rétablir à lui seul la paix entre l'Egypte la Turquie, nous voyons Palmerston se hâter de grouper les puissances dans un accord commun d'où la France est exclue. Par le traité de Londres (15 juillet 1840), la Prusse, la Russie et l'Autriche se joignent à l'Angleterre pour obliger Méhémet à abandonner l'Arabie, la Crète et l'Asie Mineure; on ne lui laisse que l'Egypte et la Syrie. Le voici maitre de l'Egypte, croyant pouvoir compter sur la France,il résiste; mais après la démission de M. Thiers en octobre 1840, Méhémet menacé par la flotte anglaise signe la convention du 25 novembre 1840.Il ne garde que l'Egypte à titre héréditaire. Après Méhémet règnent successivement Ibrahim Pacha (1848-1854),Saïd Pacha (1854-1863),Ismaïl Pacha (1863-1879). L'influence française est prépondérante jusqu'en 1870. De Lesseps creuse le canal de Suez. Mais l'Egypte est ruinée par les prodigalités et le luxe d'Ismaïl. Vers 1874 la dette égyptienne dépasse deux milliards; en avril 1876, le gouvernement suspend ses paiements. Une grande partie de cette dette était placée en France et en Angleterre. C'est alors que s'est créée **la Caisse de la Dette et une commission internationale chargée de surveiller la gestion financière du gouvernement égyptien et d'assurer le paiement régulier de ses créanciers.** C'est alors que l'Angleterre, déjà maitresse de la plupart des actions du canal de Suez songe à s'établir dans la vallée inférieure du Nil et à en exclure les autres puissances. D'abord, la France et l'Angleterre exercent en commun la tutelle administrative de l'Egypte. C'est le condominium franco-anglais qui dure de 1876 à 1888. L'intervention étrangère provoque une révolution. Ismaïl abdique en juin 1879.

Son fils et successeur, Tewfik, ne peut réprimer l'agitation nationaliste, provoquée par Arabi-Pacha ministre de la guerre en 1882. En France, Gambetta, partisan de l'action est remplacé par Freycinet opposé à toute intervention militaire. L'Angleterre agit seule, ses troupes occupent Alexandrie, Suez et le Caire en septembre 1882; elle prolonge l'occupation provisoire, d'abord pour administrer et réorganiser l'Egypte, ensuite pour assurer la sécurité des frontières méridionales de l'Egypte où son armée est d'abord vaincue par un chef musulman le Madhi qui prend Kartoum en 1885. Après lui Abdullah occupe tout le Soudan égyptien; seul un lieutenant de Gordon, Emir Pacha, reste isolé et indépendant dans l'Afrique équatoriale jusqu'à l'arrivée de l'expédition de Stanley en 1890. Depuis 1896, les Egyptiens, commandés par le sirdar Kitchener ont réoccupé Khartoum, Ondurman et le Soudan égyptien. D'autre part, une expédition française commandée par Marchand, qui devait joindre nos possessions du Congo à celles de la mer Rouge arrive sur le Nil à Fashoda. La France, menacée de la guerre, abandonne toute prétention sur le Haut-Nil. La convention franco-anglaise de 1899 délimite les possessions françaises et anglaises dans le Soudan Oriental. Enfin, par la convention d'avril 1904, **la France promet de ne pas entraver l'action de l'Angleterre en Egypte et s'abstient désormais de demander qu'un terme soit fixé à l'occupation britannique dans ce pays.**

Nous voyons donc l'Angleterre dominer seule, nous voyons **que cette domination ne doit théoriquement et légitimement avoir qu'un caractère financier. L'Angleterre est là pour s'assurer du paiement de la dette; la dette payée l'Angleterre n'aura aucune raison plausible pour rester en Egypte.** C'est à cela tout d'abord que doit s'appliquer le parti nationaliste. Si les fonctionnaires anglais exercent des pouvoirs très réels en Egypte, leur droit cependant ne repose sur aucune base solide ou tout au moins présentable. **Les Anglais n'ont sur papier aucune position reconnue dans le gouvernement égyptien, et à l'exception du poste de conseiller financier il n'y en a certainement pas qui doive être occupé par un Anglais** et pourtant dans les principaux offices du gouvernement les Anglais dominent

Peuvent-ils dire pourquoi ils y sont?...

Que vaut cette situation et quels en sont les résultats pour l'Egypte? Les avantages qu'en retirent les Anglais sont immenses et ils ont fait des efforts pour améliorer et développer le pays à leur profit et il faut dire que la plus grande partie des bénéfices réalisés par la construction du barrage d'Assuet et d'Assuan, et les travaux d'irrigations sont allés dans leur poche. Elle donne de l'emploi (l'Angleterre) à deux ou trois cents fonctionnaires qui vivent grassement. Tous les étrangers qui résident en Egypte ne sont là que pour accumuler le maximum d'argent dans le minimum de temps. Tous les moyens sont bons pourvu qu'ils aient un résultat pécuniaire important et les statistiques sont là pour fournir des lumières sur un état de choses qui se retrouve partout où domine l'Angleterre, à savoir que le crime augmente continuellement, et cet état est dû à une mauvaise organisation judiciaire, conséquence du régime auquel est soumise l'Egypte. Les conséquences en sont graves; la confiance et le crédit sont faibles et le commerce se trouve lentement paralysé par ce manque de confiance. Cela tient à ce que l'Egypte est privée du droit primordial des nations, celui de s'occuper elle-même de sa justice. Ce ne sont pas les cours de justice qui manquent, au contraire. Les consulats en Egypte sont en même temps des cours de justice devant lesquelles sont jugés les étrangers de chaque nationalité particulière.

Outre cela, il y a des tribunaux mixtes pour le jugement des affaires entre indigènes et étrangers ou entre étrangers de différentes nationalités. Le nombre et l'attribution des sièges, le recours à toute espèce de système de lois ne sont pas faits pour aider et éclairer Thémis. Le désaccord entre les codes, l'incertitude des verdicts, la faiblesse ou la sévérité excessive des tribunaux consulaires, les combats entre codes lorsqu'il s'agit

(1) *L'Émancipation de l'Égypte, A. Z.*

de tribunaux mixtes ajoutent encore au désordre. Loi anglaise, loi française, loi musulmane se mêlent dans une confusion indescriptible.

Le remède serait évidemment d'établir une loi unique.

Mais quelles difficultés innombrables ne rencontre pas ce projet.

Et d'abord comment trouver un système qui satisfasse à la fois les Egyptiens, les Anglais, les Italiens, les Turcs, les Juifs Levantins et les Grecs sans parler de bien d'autres nationalités. Qui sera chargé de faire les recherches et qui fera accepter le système une fois trouvé? Il semble que la véritable solution à apporter au problème soit que l'Egypte soutienne sa cause elle-même, **se libère de la domination anglaise, exige son admission au nombre des nations** et reprenne la place à laquelle ses habitants ont droit étant instruits et jouissant de tous les privilèges de la civilisation occidentale.

Nous arrivons maintenant au côté financier de la question, côté des plus importants puisque **c'est l'origine de la domination étrangère en Egypte** et que la Caisse de la Dette bien qu'ayant vu sa position se modifier depuis le dernier traité n'en est pas moins la partie gouvernante du pays. Une remarque encore. La majorité des obligations égyptiennes repose entre des mains anglaises ou françaises, circonstance qui réduit la question à une question anglo-française. Que vaut pour l'Egypte ce gouvernement de financiers? Pour ne pas être accusés de partialité nous nous appuierons sur l'opinion d'Anglais tels que Lord Lansdowne, Lord Cromer et Lord Milner. Dans une lettre adressée à l'ambassadeur britannique à Paris, renfermant le traité du 8 avril 1904, le marquis de Lansdowne, ministre britannique des affaires étrangères, après avoir commencé par une revue de ce que les Anglais ont fait pendant ces dernières années en Egypte, continuait :

« Mais alors que ces progrès ont, en fait, rapidement modifié la
« situation internationale en Egypte, le système financier et administratif
« qui prévaut est une survivance d'un ordre de choses qui n'existe plus
« et qui n'est pas seulement démodé mais plein d'inconvénients pour
« tous les intéressés. Il est basé sur les stipulations très soignées et
« compliquées de la loi de liquidation de 1880, et la convention de
« Londres de 1885.

« Avec les améliorations financières et matérielles de l'Egypte, ces
« clauses sont devenues un obstacle au lieu d'une aide pour le développe-
« ment des ressources du pays. Les froissements, les inconvénients et
« les pertes réelles pour le trésor d'Egypte que ce système a occasionnés,
« ont été notés en maintes circonstances par Lord Cromer dans ses rap-
« ports annuels. Il est bien décrit dans le passage suivant qui se
« rencontre dans le livre classique sur l'Egypte de Lord Milner.

« Le spectacle de l'Egypte avec son trésor plein d'argent, n'ayant
« cependant pas le droit de se servir de cet argent pour un objet qui,
« d'après un calcul modéré, ajouterait 20 pour 100 à la richesse du pays,
« est aussi affligeant que ridicule. Chaque année qui s'écoule montre plus
« visiblement l'injustice qu'il y a à maintenir, dans cette époque de sol-
« vabilité assurée, les restrictions imposées à la liberté financière du
« gouvernement égyptien lors d'une époque de banqueroute, restrictions
« justifiables alors, mais injustifiables maintenant. Personne ne s'oppo-
« serait à la continuation de l'arrangement par lequel certains revenus
« sont payés d'abord à la Caisse de la dette. Mais tant que ces revenus
« suffisent à couvrir l'intérêt de la dette et à pourvoir à tout fonds,
« d'amortissement que les puissances peuvent juger nécessaire, la balance
« devrait être simplement transmise au gouvernement égyptien pour en

« faire ce qui lui plairait, et l'antique distinction de dépense « autorisée »
« ou « non autorisée » disparaîtrait. Aucune réforme n'est plus néces-
« saire que celle-ci, si le pays doit tirer les plus grands bénéfices pos-
« sibles de la situation meilleure de ses finances, qui a été obtenue par
« des privations si sévères.

« Les fonctions de la Caisse, limitées, à l'origine, à la réception de
« certains revenus assignés pour les obligataires, sont dans la pratique
« devenues beaucoup plus étendues. Ses membres ont réclamé de la part
« des puissances de l'Europe le contrôle de l'exécution convenable par le
« gouvernement égyptien de tous les arrangements internationaux compli-
« qués, concernant les finances du pays. Leur assentiment est nécessaire
« pour l'usage d'un emprunt quelconque, et tous les revenus assignés
« leur sont payés directement par les administrations de perception sans
« passer par le ministère des Finances. De la même façon, les recettes des
« chemins de fer, des télégraphes et du port d'Alexandrie, administrées
« par un conseil composé de trois membres, un Anglais, un Français et
« un Egyptien sont versées à la Caisse, déduction faite de dépenses.

« L'inconvénient des arrangements que je viens de décrire n'a pas été
« contesté par le gouvernement français, lequel s'est montré tout disposé
« à chercher avec nous les moyens de mettre le système d'administration
« financière en accord plus intime avec les faits tels qu'ils se présentent
« maintenant ».

On voit que la Caisse avait un but en surveillant si étroitement et en
restreignant les pouvoirs des Egyptiens; il est évident, qu'il eût été
de leur intérêt de se délivrer aussitôt que possible de la dette. On voit
encore que cela aurait privé l'Angleterre de toute raison plausible pour
rester en Egypte. Il en résulte que ce n'était pas l'intérêt politique de la
Grande-Bretagne de permettre aux richesses de l'Egypte de s'accroître
trop vite. Aussi, était-elle entravée et ne pouvait-elle se débarrasser de sa
dette. Mais maintenant cette situation est changée sous ce rapport.

Voici la déclaration de Lord Lansdowne :

« On a pu voir depuis longtemps, que dans l'intérêt de toutes les
« parties, il était désirable d'introduire des modifications considérables
« dans les arrangements internationaux établis en Egypte pour la pro-
« tection des obligataires étrangers. Le nouveau décret khédivial, annexé
« à la déclaration et accepté par le gouvernement français, s'il est
« accepté par les autres puissances intéressées, aura pour effet, de donner
« au gouvernement égyptien, toute liberté pour disposer de ses propres
« ressources, tant que le règlement ponctuel des intérêts de la dette sera
« assuré. **La Caisse de la dette**, existera toujours; mais ses fonctions
« seront strictement limitées à la réception de certains revenus assignés
« aux obligataires et au paiement du coupon. La **Caisse** aussitôt que le
« décret sera en voie d'exécution, n'aura pas le droit ni l'occasion d'in-
« tervenir dans l'administration générale du pays. Les sources de revenus
« assignés aux services de la dette ont aussi été changées, et l'impôt
« foncier a été substitué aux droits de douanes et aux recettes des che-
« mins de fer. L'arrangement aura cet avantage pour les obligataires,
« que leurs droits seront assurés par le fonds le plus stable et le plus
« certain des revenus égyptiens, qui montre une tendance constante à
« l'accroissement. D'autre part, le gouvernement égyptien ne sera plus
« entravé dans l'administratio   es douanes et des chemins de fer, et
« comme corollaire, l'adm   ation mixte qui contrôlait jusqu'ici les
« chemins de fer, les tél   hés et le port d'Alexandrie disparaîtra.

« Les ressources tirées des économies de la conversion de 1890, qui
« depuis cette date ont été inutilement accumulées dans les coffres de la
« Caisse et qui maint:nant se montent à 5.500.000 liv., seront remises au
« gouvernement égyptien qui sera libre de les employer de la façon la
« plus propre à assurer le bien-être du peuple.

« Bien que nous maintenions toujours notre façon de voir touchant
« le droit du gouvernement égyptien de se libérer **de toute sa dette à**
« **n'importe quelle époque** après 1905, le gouvernement français a soutenu
« fortement les droits des obligataires à des égards particuliers en raison
« de l'histoire passée de la dette égyptienne. Pour satisfaire à ces désirs,
« **le présent arrangement stipule que la conversion de la dette garantie**
« **et privilégiée sera reportée jusqu'en 1910 et la conversion de la dette**
« **unifiée jusqu'en** 1912, remise qui confère un avantage très matériel
« aux obligataires existants et qui devra écarter tout motif de plainte
« quand la conversion sera effectuée. »

Si malgré l'intérêt que présente la déclaration de Lord Lansdowne
nous ne la reproduisons pas in extenso, c'est que la dernière partie n'a
que des rapports indirects avec notre sujet et nous avons pensé qu'il n'y
aurait aucun inconvénient à la supprimer.

Ce qui ressort d'important pour nous dans cette déclaration, **c'est**
que les Egyptiens posséderont la capacité de s'acquitter réellement de
toute leur dette après 1912. Qu'ils profitent de cette capacité. L'Egypte
est maintenant un pays prospère (comparablement à ce qu'elle était il y
a quelques années) les intérêts de la dette sont régulièrement payés, les
revenus égyptiens n'ont cessé d'augmenter; elle pourrait très bien, avec
des améliorations, racheter sa dette ou tout au moins elle pourrait
effectuer, avec son crédit actuel, une conversion qui réduirait encore
le total de l'intérêt et ajouterait considérablement aux économies
égyptiennes. Et les Egyptiens pourraient au moins, s'ils ne rachètent pas
entièrement leurs titres, réduire le montant de leur dette au point de
changer complètement leur position vis-à-vis de l'Europe. **En effet, quelle**
serait alors la raison d'une tutelle?

Mais comment remboursera-t-elle sa dette? si ce n'est avec ce qu'elle
produit, avec le gain résultant de la différence entre ses exportations et
ses importations. Cette possibilité réside donc dans son commerce selon
qu'il augmentera ou décroîtra.

« Le rétablissement de l'équilibre ne pourrait s'effectuer, disait
Cromer, qu'au moyen d'une augmentation des exportations ou d'une diminution des importations. Dans l'intérêt de l'Egypte, c'est la première
de ces deux alternatives qui serait à souhaiter. Elle ne peut certainement
être réalisée que si l'on accroît la productivité du pays et l'étendue de
la surface cultivée. »

Et tout d'abord, à combien se monte la dette ? Comment est-elle
répartie?

La dette étrangère de l'Egypte commença en 1862 qunad des emprunts
montant à 4.292.800 livres furent souscrits.

En 1870, ces emprunts montèrent à 38.307.000 livres. En 1873, on y
ajouta un emprunt de 32.000.000 de livres. En 1875, le khédive se trouvait
dans l'embarras et en 1876, il rendit des décrets consolidant la dette en une
seule de 91.000.000 de livres. En 1877, par suite de retards sur plusieurs
emprunts des porteurs de titres anglais et français firent des arrangements pour la consolidation des dettes en une dette de préférence de
17.000.000 de livres à 5 % et une dette unifiée de 59.000.000 de livres

à 7 °/. Les emprunts Daïra furent consolidés en la dette Daïra-Sanieh de 8.816.430 livres à 5 %. En 1878, on émit des obligations hypothécaires des domaines du montant de 8.500.000 livres à 5 % garanties par les propriétés du khédive et administrées par des commissaires. En 1879 commença le contrôle simultané de l'Angleterre et de la France. En janvier 1880, l'Egypte ne pouvait pas faire face à tous ses engagements et en juillet, la loi de liquidation fut promulguée. Par cette loi la dette unifiée était réduite à 4 °/ d'intérêt. On fit d'autres conversions et la dette unifiée s'augmenta ainsi jusqu'à 60.958.240 livres. Certains engagements non consolidés s'ajoutèrent à la dette de préférence qui s'éleva ainsi à 22.743.800 livres, et la dette Daïra-Sanieh s'augmenta jusqu'à 9.512.880 liv., l'intérêt étant réduit à 4 %.

On émit, en 1885, un emprunt de 9.424.000 livres à 3 %, garanti par les grandes puissances. En 1888, un emprunt de 2.330.800 livres à 4 ½ % fut contracté pour le changement des pensions. En 1890, la dette de préférence et l'emprunt de 1888 furent convertis en un emprunt de préférence à 3 ½ % de 29.000.000 livres dont 1.300.000 livres pour l'irrigation et les pensions. On émit aussi 7.299.360 livres d'obligations Daïra-Sanieh à 4 %, pour la conversion des obligations préalablement existantes; et en 1893, les obligations des domaines de l'Etat pour 3.500.000 livres à 4 1/4 % prirent la place des obligations 5 % de la même dette. La situation et le débit de différentes dettes en janvier 1904 étaient comme suit :

	CHARGE y compris les fonds d'amortissement	
Dette :		
Emprunt garantie 3 % ....Liv.	8.077.900	307.125
Dette privilégiée 3,5 %	31.127.780	1.062.556
Dette unifiée 4 %.............	55.971.960	2.182.906
Emprunt Daïra-Sanieh 4 %.....................	4.952.860	198.114
Emprunt des domaines 4,5 %...................	2.056.420	107.962
Total ....Liv.	102.186.920	3.858.663

Fonds de réserve :

Economies par suite de conversions ....Liv.	5.507.055	
Fonds de réserve générale	966.781	
Fonds de réserve spéciale ....Liv.	1.577.381	
Réserves totales ....Liv.	8.051.217 (1)	

Cette charge représente ce dont le khédive était redevable à l'Europe, cette dette étant pour la plus grande partie aux mains de capitalistes étrangers. En 1905, les arrérages des principaux emprunts s'élevaient à environ 4.592.608 livres. C'est en octobre de cette année que fut remboursé l'emprunt Daïra-Sanieh qui était alors de 8.000.000 environ.

Quelle est actuellement cette dette? Il faut tenir compte et défalquer la dette intérieure de la Moukaballah qui est de 150.000, puis les titres en circulation dans le pays. En défalquant ces sommes on peut évaluer à environ 5 millions de livres les sommes que le trésor égyptien doit payer à l'étranger.

Les sommes dues par l'Egypte doivent être acquittées par des expor-

(1) L'Émancipation de l'Egypte A. 7.

lation ou des prestations. L'exportation l'emporte sans doute suffisamment sur les importations pour n'inspirer aucune inquiétude concernant le paiement des intérêts si l'on en juge par le chiffre des valeurs égyptiennes sur les marchés européens. En novembre dernier, à la Bourse de Paris, la dette unifiée 7 % était à 101 fr., la dette privilégiée à 97 05, l'obligation domaniale à 106 tandis que l'emprunt de 1885 3 % garanti était à 95 25. Ce qui montre bien que la situation est bonne. Le 17 novembre la dette unifiée 4 % était à 100 85.

A la même époque, à la Bourse de Londres la dette garantie 3 % était à 96 ½, la dette unifiée 4 % à 100, le 3 % à 94 ½ état également satisfaisant comme l'on voit.

Les exportations permettent le paiement des intérêts, mais sont-elles assez importantes? Laissent-elles un bénéfice assez considérable pour effectuer des amortissements et permettre le remboursement définitif?

De 1901 à 1905, les exportations (1) s'élèvent à 22.778.850 liv. é. tandis que les importations et les arrérages de la dette s'élevaient à 21.787.295. Il reste donc 991.550 d'excédent, mais cet excédent était absorbé en grande partie sinon en totalité par les autres articles de compte. Enfin l'exportation n'atteint pas le chiffre qu'elle devrait avoir et pour rembourser la dette il faut l'augmenter plutôt que chercher à diminuer le chiffre des importations, car, il est deux sortes d'importations, l'importation qui sert à produire, et celle qui est consommée. L'une est un témoignage de l'activité du pays, l'autre montre au contraire, que le pays ne se suffit pas à lui-même. Mais pendant ces dernières années on a constaté une augmentation de l'importation du numéraire. Ce fait est dû à l'introduction de nouveaux capitaux dans le pays. Depuis 5 ou 6 ans, de très nombreuses sociétés : banques, sociétés foncières, hypothécaires ou de transport se sont constituées en Angleterre, en France, en Belgique, en Egypte, en vue d'exercer leur activité dans ce dernier pays. Une grande partie de leur fonds social et la presque totalité de leurs obligations ont été souscrites en Europe. Les sociétés déjà anciennes ont également accru leurs ressources en s'adressant aux marchés financiers anglais, français ou belges. Enfin, beaucoup de riches particuliers européens ont converti une partie de leur fortune en propriétés situées dans la vallée du Nil ou plus fréquemment, en prêts consentis sur hypothèque à des propriétaires égyptiens. Cette introduction ou mieux cette irruption de capitaux, a naturellement pour effet de rendre l'Egypte créancière des pays dont elle sera de nouveau débitrice dès qu'elle cessera de faire ainsi appel au crédit de l'Europe.

Ainsi on voit toutes les richesses naturelles, exploitées par les capitalistes étrangers, avec l'aide étrangère, au lieu de voir les nationalistes se grouper, s'occuper à l'exemple des capitalistes chinois, de trouver les sommes nécessaires pour mettre en valeur leur pays; au lieu de les voir s'efforcer d'acquérir la propriété financière de leurs mines et de leurs fabriques. Ils ont cependant des exemples devant eux qui pourraient leur inspirer confiance car les entreprises étrangères ainsi constituées emploient presque toutes fructueusement les ressources dont elles disposent.

Quels sont les principaux articles d'exportation? En première ligne nous avons le coton qui en 1905 représentait 86 % de l'exportation totale. Ce coton supérieur, long et soyeux, qui atteignait une valeur de 15 millions 806.447 est un produit d'une extrême importance pour l'Egypte.

Supprimez-le, et elle perdrait toute sa richesse. A ce chiffre, il con-

(1) Les chiffres que nous donnons ainsi que les détails sur le commerce extérieur sont tirés de la *Revue d'Économie Politique*, 1907.

vient d'ajouter une somme de 1.714.222 liv. e. produit de la vente des graines de cotonnier. Cette source de richesse est l'œuvre de Méhémet-Ali, œuvre qui est encore loin d'être achevée. La substitution de l'arrosage permanent à l'inondation périodique, a permis l'extension de sa culture. Le ministère des Travaux Publics avait décrété en 1906 l'aménagement de 200.000 feddans suivant le même système (le feddan mesure 4. 200 m. q.). Or, il est à noter que la Basse-Egypte compte à elle seule près de 2.000.000 de feddans incultes mais fertilisables et dont la moitié pourrait se transformer en champs de cotonniers lorsque les canaux d'irrigation et de drainage nécessaires auront été achevés. Un expert en la matière a dit que d'ici une dizaine d'années, l'Egypte tirerait au moins huit millions de kantars (le kantar vaut 44 kilogs 49) de ses terres élargies et mieux aménagées et en admettant même que leur rendement n'ait pas été accru par les procédés de culture mais par la destruction méthodique des parasites, l'emploi de semences sélectionnées et d'engrais chimiques concentrés appropriés. Quant à l'écoulement de ce produit l'Egypte n'aurait pas d'inquiétude à avoir à ce sujet car il s'en fait une consommation de plus en plus grande. « Poursuivre le développement le la consommation, la production mondiale actuelle devra s'accroître en 10 ans d'au moins 2 millions de balles », disait le président de la British cotton growing association, au congrès international de coton; tenu à Manchester en juin 1904. On n'a donc pas un moment à perdre pour fournir cet appoint au moyen de nouveaux champs cotonniers. D'un autre côté l'Egypte a l'avantage de vendre son coton à la fois par ordre d'importance décroissante à l'Angleterre, la France, l'Autriche, l'Italie et à la Russie et ces dernières années à l'Allemagne et à l'Amérique. Puis encore mais en faible quantité à la Belgique, l'Espagne, la Grèce, la Suède et enfin à l'Extrême-Orient.

La production du coton qui s'élève à environ 15.000.000 de livres égyp. (l. e. : 25 fr. 92) pourrait atteindre 20.000.000 si les améliorations indiquées étaient introduites.

Les céréales sont le produit venant immédiatement après le coton pour l'importance. La valeur en a été de 1901 à 1905 de 403.523, si on en retranche la somme fournie par la vente des graines de coton. La production de ce produit pourrait elle aussi être augmentée. Une forte partie des terres gagnées chaque année à la culture et qui ne conviennent pas au coton pourrait donner un grand rendement de céréales et de légumineuses.

Quant aux autres produits d'exportation fourni par le sol égyptien ils sont peu importants. Ce sont les légumes atteignant 1 ou 2 % de l'exportation totale et dans lesquels l'oignon entre pour une bonne part, les fruits parmi lesquels les dattes ont fourni 6.649 l. en 1905, les bananes 977, les oranges et les citrons 381. En 1905, les confitures ont été exportées pour 2.617. A ces divers articles alimentaires il faut ajouter l'exportation des cailles d'environ 10.000 liv.

On voit donc que c'est à son agriculture que l'Egypte devra demander de payer presque entièrement ses dépenses et ses dettes. C'est donc là surtout que réside le travail à accomplir. Les fellahs sont robustes, actifs, patients

Que les propriétaires cherchent à augmenter leur fortune car ils augmenteront ainsi la richesse publique. Qu'ils cherchent à étendre la surface cultivable, en améliorant leurs terres par des travaux appropriés d'irrigation, de drainage, d'amendement, qu'ils cherchent à perfectionner le système des irrigations. Alors s'accroîtra l'exportation et sera possible le remboursement de la dette. Après l'agriculture, qu'ils développent les industries nationales qui pour la plupart végètent misérablement.

Les tissus, les peintures, la maroquinerie, tous les menus objets de l'art égyptien ne s'élevaient en 1905 qu'à 45.832 liv. Le sucre, ce produit dont l'industrie a été créée en Egypte par Méhémet-Ali ne s'élève qu'à 400.000 liv. en chiffres ronds. Au moment de l'entreprise M. Bowring disait :

« Bien que la Haute-Egypte convienne à cette plante la production du sucre n'alimente qu'une faible partie de la consommation locale, par suite de l'insuffisance des capitaux et du peu d'encouragement donné par le gouvernement à cette industrie. »

Depuis quelques années la constitution et le développement d'entreprises dont la plus importante est une Société française ont considérablement accru la production et par conséquent l'exportation sucrière. Mais là aussi, il est besoin de l'activité égyptienne. De grands progrès pourraient être réalisés. La prospérité des usines d'égrenage, des huileries, des distilleries, des minoteries qui fonctionnent sur une petite échelle, de plus en plus nombreuses, un peu partout dans les campagnes et dans les villes, montre bien qu'il y a place en Egypte pour les petites industries qui agissent comme un accessoire et un complément de l'agriculture. Parmi les industries prospères il convient de citer celle des cigarettes qui fournit à l'exportation en 1905 un apport de 554.372 livres égyp., l'exportation des métaux précieux a fourni 312 liv.

Enfin le total de l'exportation augmenté de 20 % s'élevait en 1905 à 24.813.318 liv. et par les améliorations indiquées, cette exportation pourrait être augmentée d'une dizaine de millions.

Examinons maintenant les importations. Elles sont de deux sortes :

1° Les objets importés sont destinés à être consommés sans rien produire. Ils sont ou indispensables, ou bons seulement à satisfaire des besoins de jouissance et de bien-être, alors l'argent déboursé est perdu et cette importation constitue une perte pour le pays.

2° Les objets importés consistent en matières premières, en machines, ou en outillage qui serviront à produire des objets destinés à être vendus et contribuent donc à accroître la richesse du pays. On voit donc qu'il faut chercher à réduire les importations de la première catégorie, celle de la seconde catégorie sont au contraire un témoignage d'activité et de travail fécond.

Parmi les importations de la seconde catégorie nous trouvons que pour l'année 1905, les charbons de terre comptent pour 4/100 de l'importation totale et atteignent une valeur de 852.687 liv. égyp., que les bois et matériaux de construction comptent 7,3 de l'importation totale et atteignent une valeur de 1.571.739 liv. égyp., les wagons et parties de wagons, 1,4 % et atteignent une valeur de 298.712, enfin, que les machines, y compris les locomotives et les pompes comptent pour 3/100 de l'importation et atteignent une valeur de 827.950. En comptant quelques autres articles productifs nous arrivons au total de 5.094.688, soit 23 %. Une comparaison du total de ces importations depuis l'année 1886 montre que cette importation n'a cessé d'augmenter, signe certain d'augmentation de l'activité du pays.

Parmi les importations de la première catégorie nous trouvons :

Viande et bétail de boucherie	577.377	2,7 %
Céréales et légumes secs	1.286.745	5,9 %
Farines	989.465	4,6 %
Légumes frais et fruits	516.421	2,4 %
Alcools et boissons fermentées	404.796	1,9 %
Autres produits alimentaires	1.458.517	9,7 %
Total	5.223.321	24,2 %

Depuis 1886, nous constatons également une augmentation effrayante des importations de cette catégorie. Une amélioration de l'agriculture permettrait de supprimer l'achat d'un certain nombre d'articles. Ainsi l'Egypte pourrait très certainement fournir les céréales, légumes et fruits nécessaires à sa consommation et se dispenser d'alcool. Ce qui ferait un gain en se basant sur les relevés de 1905 d'environ 1.286.745 + 516.421 + 404.796 = 2.208.162.

Tous les produits énumérés ci-dessus sont des produits alimentaires. A côté de ces articles, il faut ranger les meubles, faïences et porcelaines atteignant en 1905 une valeur de 285.052 (1,8 %) et les tissus de coton s'élevant à 2.999.131 (14 %) que l'Egypte pourrait également fournir.

Enfin, le total de l'importation s'élève à environ 21.564.076 et pourrait aisément être diminué de 5.000.000.

La différence entre les exportations et les importations s'élevait en 1905, à 24.813.328 — 21.564.076 = 3.249.252.

Mais d'autre part, en se basant sur la quantité d'or relevée par la douane à l'entrée et à la sortie du pays, nous trouvons que l'importation du numéraire dépassait l'exportation de 4.782.215 — 3.869.939 = 912.276.

Nous trouvons donc pour l'excédent absolu de l'exportation 3 millions 249.258 — 912.276 = 2.326.976.

Or, la charge pour 1905 était de 4.593.602, si nous prenons le chiffre rond, 5.000.000 nous trouvons un déficit de 2.673.024

Mais nous avons montré que par suite d'améliorations il serait possible d'augmenter l'exportation d'environ 10.000.000 liv. égyp. et de réduire l'importation de 5.000.000 ce qui ferait un gain de 15.000.000 qui serait employé en partie à combler le déficit et dont le surplus servirait à amortir la dette. Ce surplus est égal à 12.326.976.

Voici donc un excédent moyen de 12.000.000 de liv. par an.

Si l'on considère que le total de la dette s'élève à 102.186.920 liv. st. il résulte que cette dette pourrait être remboursée en 1918 ou 1920.

Supposons que le fait soit arrivé. Nous sommes en 1915, les Egyptiens on fait tous leurs efforts pour améliorer leur commerce, ils ont racheté les entreprises étrangères qu'ils exploitent eux-mêmes; ils se sont constitués en associations puissantes et riches de moyens et d'argent. S'ils n'ont pas racheté entièrement leurs titres, ils ont réduit du moins suffisamment le montant de leur dette. Admettons même qu'ils aient racheté la plus grande partie de leurs titres et que selon toute prévision on attende le rachat complet pour 1920.

Nous ne voyons aucune invraisemblance à ce qu'ils adressent au représentant du gouvernement britannique une pétition rédigée à peu près comme suit :

Le Peuple égyptien au gouvernement britannique.

« Depuis Méhémet-Ali, l'Egypte a vu sa paix troublée par l'interven-

« tion étrangère. Les Egyptiens ont été habitués à être en tutelle depuis
« le jour néfaste où leurs gouvernants pour satisfaire leurs jouissances
« et leurs plaisirs se sont faits les créanciers de l'Europe.

« Cette domination étrangère s'est affirmée exclusivement anglaise
« depuis 1904. Or, le caractère de votre domination est celui de sur-
« veillant financier établi pour restraindre nos dépenses ainsi qu'un
« enfant trop vite émancipé. Cependant, depuis quelques années,
« grâce à l'activité des nôtres et à la prospérité du pays qui en est le
« résultat, nous avons pu rembourser une grande partie de notre dette
« et l'année 1920 ne s'écoulera pas sans que nous nous soyons complète-
« ment libérés. Aussi, nous nous permettons de faire remarquer respec-
« tueusement au gouvernement anglais, qu'établi dans notre pays pour
« nous faire remplir nos engagements, nous offrons maintenant des
« garanties suffisantes pour que cette surveillance n'ait plus sa raison
« d'être. Nous nous permettons donc encore très respectueusement de
« suggérer au gouvernement britannique que le moment est venu pour
« lui de faire cesser sa domination et de mettre fin d'une façon complète
« et cela avec avantage et pour la Grande-Bretagne et pour l'Egypte,
« à son occupation, c'est-à-dire de retirer ses troupes, ses fonctionnaires
« et ses représentants. Nous ne voulons nullement diminuer la valeur
« des services qu'il a rendus à notre pays en y rétablissant administra-
« tivement de l'ordre et en essayant de l'améliorer et de nous mettre
« ainsi à même de nous acquitter. Nous remercions le gouvernement et
« de ces améliorations et de l'attention délicate qu'il a eue de nous
« épargner l'obligation de lui exprimer notre gratitude en se payant lui-
« même les services qu'il nous a rendus. Nous souhaitons du fond du
« cœur aux fonctionnaires, commerçants et industriels qui ont fait leur
« fortune en Egypte de jouir en paix de cet argent et de couler des
« jours heureux dans l'Angleterre, leur patrie. Nous remercions encore
« le gouvernement britannique de l'occasion qu'il a donnée à nos popu-
« lations de fortifier leur nationalisme et de pouvoir donner un sens
« au mot patrie et par là, de se mettre complètement en état de se
« charger du gouvernement de leur pays. On aime d'autant mieux ce
« qu'on a failli perdre. Nous voulons par nous-mêmes regagner le rang
« qu'occupait notre pays sous ses pharaons. Le gouvernemnt britannique
« a trop de clairvoyance pour ne pas reconnaître la justesse de nos
« revendications et nous remerciera de l'occasion que nous lui offrons
« de faire un beau geste. Cet acte de générosité et de désintéressement
« sera un exemeple pour le monde civilisé et nous sommes persuadés
« que l'Angleterre songe trop aux avantages pratiques de ses enfants
« pour repousser notre demande. Se séparant de nous amicalement, elle
« sera sûre de se concilier sinon notre affection du moins notre estime et
« notre bienveillance et qui mieux vaut notre clientèle.

« Son commerce au lieu de souffrir de cette séparation s'en trou-
« vera accru car son acte déterminera chez nous par reconnaissance, un
« désir plus grand de ce qui vient d'Angleterre, pays que nous appren-
« drons à estimer pour avoir sacrifié la gloire d'avoir sous sa sujétion
« 12 millions d'hommes, et la vanité d'être prépondérant en Afrique.
« Votre gouvernement est trop habile pour commettre un acte impoliti-
« que, et il en commettrait véritablement un en refusant d'accéder à
« notre demande. Il est de nombreux exemples où l'Angleterre s'est
« retirée de possessions qu'elle a jugé impolitique de garder. Nous men-
« tionnerons pour mémoire l'abandon de la Corse à la France, et la rétro-
« cession des îles Ioniennes à la Grèce. Elle a abandonné avec avantage
« et honneur ces possessions. Qu'elle évacue l'Egypte. Elle provoquera

« peut-être l'étonnement des esprits superficiels et quelques cris de :
« l'Angleterre capitule », mais en revanche elle éveillera l'admiration de
« tous les esprits élevés, de toutes les âmes d'élite et la petite mortifica-
« tion qu'elle pourrait ressentir sera compensée et au delà par la satis-
« faction d'avoir épargné des vies humaines et évité de répandre le sang,
« car le peuple égyptien a acquis une trop grande conscience de sa
« valeur et de sa nationalité pour supporter plus longtemps le joug
« étranger et il est décidé à reconquérir ses droits à tout prix ; l'élément
« indigène est devenu une force unie qui lui vaut vraiment le titre de
« peuple. Et nous avons le regret de dire que dans le cas où le gouver-
« nement britannique refuserait d'accéder à une demande si modérée et
« si légitime, nous lutterions désespérément. Le moyen de lutte que nous
« emploierions tout d'abord pour atteindre notre but serait le boycottage
« dans le sens le plus large du mot et votre gouvernement est trop com-
« merçant pour ne pas voir que ce serait la ruine d'un grand nombre de
« commerçants et d'industriels anglais. Si ce moyen ne réussissait pas,
« un soulèvement serait peut-être plus puissant et l'Angleterre sait com-
« bien coûtent ces expéditions guerrières. Elle sait à quel prix elle a
« a réussi la conquête du Transvaal et de l'Orange. Elle sait que son
« armée et sa flotte isolées en Egypte, elle serait sans défense et que
« l'Allemagne profiterait sans doute de cette occasion pour l'attaquer.
« Elle sait enfin que le peuple anglais méprise le métier de soldat et
« préfère au bruit du canon et au cliquetis de l'acier, l'agitation d'un
« port de commerce et le tintement des pièces d'or.

« Enfin, nous ajoutons que dans le cas où l'Angleterre persisterait à
« rester et où nous serions vaincus dans cette lutte, nos maîtres d'hier,
« que nous espérions briser aujourd'hui et qui veulent revenir demain,
« nous seraient devenus tellement odieux que nous n'hésiterions pas à
« employer la force brutale. L'extermination de tous les Anglais résidant
« dans ce pays signifierait notre volonté à l'Europe étonnée et notre
« résolution ferme et inébranlable d'être enfin un peuple libre. Nous
« sommes persuadés qu'en face de tels faits et dans la perspective des
« conséquences qu'entraînerait la non-libération de ce territoire, le gou-
« vernement britannique écoutera la voix de la raison, car ceux qui
« étaient hier ses sujets dominés et faibles sont aujourd'hui puissants.
« C'est avec un ferme espoir et une conviction bien arrêtée que
« nous formulons cette demande. Nous ne voulons d'ailleurs pas
« hâter la décision du gouvernement britannique ; nous voulons
« qu'une réponse nous soit donnée après réflexion, et avec la conscience
« absolue de sa valeur. Dans six mois, nous attendrons cette réponse, à
« savoir que l'Angleterre consent à évacuer l'Egypte d'une façon complète
« et définitive d'ici un an. Nous exprimons le regret d'avoir quitté le ton
« de la prière pour prendre celui de la menace, mais nous estimons qu'à
« des cas si graves il faut des situations nettes. Nous espérons, néan-
« moins que le gouvernement britannique ne se formalisera pas de nos
« paroles, et nous le prions de nous les pardonner s'il en est qui le
« blessent, car nous n'ignorons pas que c'est encore à nos maîtres actuels
« que nous nous adressons.

« C'est avec confiance et respect que nous présentons cette requête ;
« le peuple égyptien espère que la même confiance et le même respect
« l'accueilleront et lui seront rendus.

« Fait à...................... Le.................... 1915.

On pourrait même adresser une pétition sur un ton peut-être moins ironique et plus humble.

Il est même probable qu'en face de cette situation, les Anglais ne résisteront pas, surtout en raison des conséquences qu'un refus entraînerait. La logique même leur conseillerait d'accepter. Mais comme il faut tout prévoir, qu'il est dans la nature humaine et dans celle des gouvernements de ne pas se soumettre à la logique, et que, d'autre part, les Anglais pourraient craindre que l'exemple donné par les Egyptiens ne soit trop aisément suivi par d'autres peuples aspirant eux aussi à la liberté, nous allons développer quelques autres moyens d'action auxquels il a été fait allusion dans la précédente pétition. Nous avons tout d'abord parlé du boycottage; on sait que c'est sous le nom de « Swadeshism » le moyen de lutte préconisé par les nationalistes hindous. En quoi consisterait le boycottage en Egypte? Nous allons encore ici faire appel aux statistiques du commerce.

On remarquera que l'Angleterre qui, autrefois, entrait pour la presque totalité dans le commerce extérieur de l'Egypte, a vu sa quote-part diminuer au profit de ceux des pays qui, il n'y a pas bien longtemps, entretenaient avec l'Egypte un commerce insignifiant. Les exportations allemandes qui, de 1886 à 1890, n'étaient que de 0,16 % du total général, étaient, de 1901 à 1905, de 7,6 %, tandis que les importations passaient de 0, 12 à 4,2 %. Les importations américaines passaient entre ces périodes de 0,2 % à 5,3 % tandis que les exportations passaient de 0,7 à 1,6. Le pourcentage des échanges avec la France et avec la Russie reste à peu près stationnaire. L'Italie montre une diminution de sa quotre-part dans les exportations et une augmentation de sa quote-part dans les importations. Alors que l'Autriche et la Turquie ont vu baisser de façon sensible le pourcentage de leurs importations et de leurs exportations, l'Angleterre entrait en 1905 pour 52,2 % dans les exportations et pour 33,1 % dans les importations. Les principaux produits que l'Egypte achète à l'Angleterre sont, par ordre d'importance croissante, des fils et des tissus de coton, des sacs vides, de la lingerie et de la bonneterie, des vêtements de confection, des fers et des aciers, des machines et enfin de la houille.

L'Egypte se fournit de houille, de fils et de tissus de coton pour ainsi dire exclusivement à l'Angleterre. Elle achète des sacs vides à la fois à l'Angleterre et aux possessions anglaises de l'Extrême-Orient. L'Angleterre la fournit de lingerie et de bonneterie concurremment avec la France l'Autriche, la Turquie, chacun de ces pays entrant dans la vente pour une part à peu près égale. Quant aux vêtements de confection, elle lui en vend fort peu, l'Egypte achetant de préférence cet article à la France et à l'Autriche. Elle la fournit encore de fers, d'aciers et d'outils, conjointement avec la Belgique, l'Allemagne et la France, et sa part atteint dans ce commerce la somme des parts de ses voisines. Enfin elle lui vend la presque totalité des machines dont elle a besoin, l'Allemagne, la France et la Belgique entrant pour une très petite part dans la vente de cet article.

Nous avons montré, quant à ce qui regarde les fils et tissus de coton, que par suite du développement de l'industrie nationale, l'Egypte ne devrait pas être tributaire de l'étranger.

Depuis 1900, la quote-part de l'Angleterre dans la vente des sacs vides n'a cessé de diminuer et l'Egypte pourrait fort bien lui retirer complètement sa clientèle.

Que l'Egypte abandonne pour les vêtements et la lingerie ses fournisseurs anglais au profit de ses fournisseurs français, autrichiens et turcs, elle y trouvera son avantage ainsi que ces trois derniers pays. Pour les machines, les outils, les fers et les aciers, là encore nous voyons l'Angleterre partager ce commerce avec d'autres puissances. Rien ne serait plus facile à l'Egypte de laisser ses fournisseurs anglais pour acheter aux autres ce dont elle a besoin.

Le boycottage des charbons serait plus difficile, si l'on considère que la vente en appartient exclusivement à l'Angleterre. Il serait impossible pour l'Egypte de cesser brusquement ses achats de houille à son ennemie. Mais elle pourrait procéder par « amortissements », diminuer graduellement la part revenant à l'Angleterre dans cette vente au profit de pays houillers tels que la Belgique et l'Allemagne. D'ailleurs le commerçant allemand ne laisserait certainement pas perdre une si bonne occasion, et à un ex-client de l'Angleterre, il offrira sa marchandise aux conditions les plus avantageuses. Un simple fait en donnera une preuve.

Tout dernièrement, à la suite de la grève des cheminots, la circulaire suivante était adressée aux principales maisons de commerce françaises :

« Monsieur,

« Par suite de la pénurie de matériel sur le réseau Nord et de l'interruption de la navigation, j'ai l'honneur de vous offrir des charbons allemands de toute première qualité et pour lesquels ma nombreuse clientèle a une préférence marquée, étant donnés les prix extrêmement avantageux et la rapidité des expéditions. »

On voit que les Egyptiens pourraient fort bien trouver à se fournir de houille sans s'adresser à l'Angleterre qui verrait ainsi sa position financière tout à coup perdue en Egypte. Voilà ce qui devrait être tenté, si une pétition du genre de celle que nous avions imaginée était repoussée. Mais le boycottage ne se réduit pas au boycottage commercial ; ce doit être une lutte sans trêve contre tout ce qui est Anglais, contre tout ce qui vient d'Angleterre ; refus de les aider ; refus de les servir, que ce soit comme soldats, comme fonctionnaires ou comme domestiques. Lutte contre leur langue, contre leurs sports, etc. Si le visiteur ne peut se faire comprendre, si le touriste ne peut se faire guider, s'il voit ses questions sans réponse, force lui sera d'apprendre le français ou l'arabe ou de s'en aller. Avoir pour règle de ne pas lier société avec les Anglais, de se détourner d'eux, de réduire les relations à des rapports absolument essentiels. Si l'Anglais ne trouve plus d'acheteurs en Egypte et ne rencontre dans le pays qu'hostilité et mauvais vouloir à chaque pas, il lui faudra un entêtement bien extraordinaire et un mépris inouï de l'opinion publique pour s'obstiner à rester là où il est maudit. Cependant, nous l'avons dit, cela est possible et la crainte de voir l'esprit de rébellion s'étendre aux autres pays sur lesquels il a réussi à établir sa domination pourrait le conduire à résister, à revenir à sa méthode de 1882, à lancer ses troupes sur le pays, c'est alors que se place l'utilité d'une action militaire.

Le peuple égyptien est un peuple aux mœurs douces, jeune et gai. Il vit insouciant du lendemain auprès de son grand fleuve, père des eaux, le grand vieillard à barbe blanche

« Versant de son urne qui penche,
Des crocodiles pour goujons. »

Ce n'est donc pas un peuple de soldats ; cependant la tentative d'Arabi-Pacha montre qu'on pourrait provoquer un mouvement de quelque importance. Les troupes égyptiennes ont de la valeur. Au cours de l'expédition d'Ondurman, la manière dont elle se comportèrent est toute à leur honneur et la garnison que l'Angleterre entretient en Egypte, sans aucun droit du reste, à été réduite à une quantité presque négligeable. On sait que l'armée égyptienne réorganisée sur le modèle britannique est commandée en grande partie par des officiers anglais à la tête desquels se trouve le « sirdar » (généralissime). Il y aurait lieu tout d'abord de s'assurer le concours de l'armée indigène, puis de s'occuper d'armer un certain nombre de volontaires, de les exercer au maniement des armes, et de constituer ainsi une sorte de milice privée. Cependant, le fait pour l'Egypte d'être délimitée au nord et à l'est par deux mers la met à la portée et la rend facilement réduisable par l'Angleterre en possession d'une flotte. Elle est remarquablement bien limitée, sauf un côté qui reste sans barrière naturelle ; c'est le côté méridional, tourné vers le Soudan. C'est de là que viendrait le danger pour l'Angleterre. C'est là ce qui fait l'importance de Khartoum, importance reconnue par les pharaons d'autrefois, qui inspira tant les luttes des Anglais qui, pour l'expédition d'Ondurman, n'hésitèrent pas à s'assurer l'appui de l'Italie, pour obtenir un vote de 500,000 livres sterling de la caisse Egyptienne.

« La destruction de la puissance du Mahdhisme était donc pour eux une affaire de la plus haute importance. Tant que Khartoum se dressait là, la frontière du sud de l'Egypte était toujours dans les transes et constamment en danger d'invasion. Les routes commerciales vers l'Afrique équatoriale étaient barrées et l'une des plus légitimes sources de profit de l'Egypte était tarie pour elle. La Grande-Bretagne avait d'autres raisons pour souhaiter la démolition de la grande forteresse mahdhiste, outre son intérêt à soutenir le commerce égyptien, auquel elle participait dans une large mesure naturellement. Le poids de la puissance du Mahdhi se faisait aussi très désagréablement sentir dans l'Hinterland des colonies britanniques de l'Afrique occidentale et gênait beaucoup leur développement. » « On a affirmé positivement que les proclamations mahdhistes furent trouvées placardées aussi loin dans l'ouest que Bénin et Kumassi. En fait, tout le commerce de l'Afrique centrale et équatoriale était ou arrêté ou rendu dérisoire (1). »

C'est donc sur la frontière du sud qu'est fondé un espoir de réussite. C'est là que réside le danger pour l'Angleterre puisqu'elle a tant tenu à s'en assurer.

Pourquoi l'Egypte n'y chercherait-elle pas un appui pour ses forces insuffisantes? Lui serait-il impossible de faire revivre les feux dormants du Mahdhi? C'est sur la frontière méridionale que l'Egypte pourrait produire le mouvement le plus sérieux, et se guidant sur l'exemple du passé, soulever les populations, non pas au nom de la nation, ce mot serait pour elles encore trop vide de sens, mais au nom des préceptes de l'Islam qui n'admet pas la servitude et l'esclavage de ses adeptes.

On ne combat pas avec plus de passion que quand on combat pour une idée, une croyance, ou même un préjugé, toutes les guerres de religion nous le montrent, la guerre des Albigeois, comme la Saint-Barthélemy ,comme l'Inquisition espagnole. Rien n'est plus capable d'inspirer des actes d'héroïsme grandiose comme aussi de cruauté révoltante que le

<hr>

(1) *L'Émancipation de l'Égypte*, A. Z.

fanatisme religieux. Les martyrs de la chrétienté, Mahomet, les guerres saintes, les exploits d'Abd-el-Kader fournissent des exemples sur lesquels il n'est point besoin d'insister.

Ne pourrait-elle aussi s'assurer l'aide de l'Abyssinie, qui montra avec Ménélik que les Abyssiniens sont capables de lutte sérieuse, et le traité d'Addis-Ababa en rétablissant et en affirmant leur indépendance leur inspira peu d'estime et de respect pour ces Européens qui n'avaient déjà pas leur sympathie. De plus, l'assujettissement de l'Egypte semble pour eux une menace perpétuelle d'englobement; entourés qu'ils sont de tous côtés par les territoires britanniques ils peuvent craindre l'annexion de leur pays et seraient sans force pour résister. L'Egypte libérée de la domination anglaise au contraire, l'Abyssinie ne se sentirait pas isolée au milieu de territoires saxons. On peut donc supposer que le moment du soulèvement venu, les Egyptiens ne feraient pas appel en vain à leurs compagnons d'infortune pour rééditer avec succès une seconde victoire d'Adoua. L'Egypte et l'Abyssinie unies, les chances de succès de l'Angleterre se trouveraient forcément diminuées, d'autant plus que l'agitation, telle une traînée de poudre, pourrait se transmettre à ses autres possessions d'Afrique. Quelle que soit l'issue de la guerre d'ailleurs, l'Angleterre sortira affaiblie de cette lutte.

Supposons pour mettre les choses au pire que la guerre soit faite avec succès par les Anglais. La flotte a débarqué à Alexandrie, Suez, le Caire sont envahis, les troupes du Mahdhi sont à nouveau vaincues. Alors les Egyptiens mettront en œuvre un moyen désespéré.

Nous avons dit qu'ils s'étaient groupés autour d'un siège central d'où rayonnaient les ordres. Les nationalistes sont répandus un peu partout en Egypte. Ils communiquent téléphoniquement avec leur siège directeur. Un jour leur parvient un mot d'ordre. « En cette nuit nul Anglais ne doit plus subsister dans ce pays; nous avons juré de supprimer l'étranger maudit qui nous opprime et qui nous vole. Cette nuit, quelques-uns d'entre nous s'introduiront dans la demeure des résidents anglais et feront leur office. Demain l'Egypte sera affranchie. » Pour plus de loyauté le gouvernement britannique sera solennellement avisé des desseins des nationalistes.

Comment s'opérera cet anéantissement de l'élément britannique?

Le groupe directeur connaît chacun des membres, il sait exactement combien d'Anglais résident en Egypte. Il connaît leur nom, leur demeure.

A chaque résidence sera affecté un groupe de trois ou quatre nationalistes plus même suivant le nombre des Anglais qui y logent. Chacun connaît sa tâche. Nulle confusion ne doit se produire. Ils connaîtront exactement l'emplacement de la maison, l'aménagement des pièces, le plan en un mot. Ils sauront à combien s'élève le nombre de ceux qui y résident. Chaussés de feutre épais, la nuit venue, ils s'introduiront dans la place et là ils accompliront leur œuvre de destruction.

Comment s'y introduiront-ils, le premier apache parisien répondra. Toujours est-il, qu'avec les outils perfectionnés que nous possédons, mécaniques ou scientifiques, depuis le vulgaire rossignol jusqu'à l'électro aimant servant à ouvrir les portes fermées à l'intérieur et même au verrou, avec ce qu'on a coutume d'appeler aujourd'hui la fée électricité il n'est pas de murailles. La seringue de Pravaz plonge dans la torpeur Quelles sont les difficultés à vaincre? La vue du sang est répugnante surtout pour celui qui l'a versé. Et bien à notre époque scientifique, à l'époque ultra scientifique que sera celle de demain, on pourra se servir des propriétés des gaz liquifiés. Un jet d'azote ou d'air liquide voire même d'ammoniac, au choix de l'opérateur, produisant en s'évaporant, un froid de quelque 200° au-dessous de zéro aura facilement raison des plus endurcis et des plus robustes. Ce moyen n'est-il pas bien doux? le froid n'est-il pas un anesthésiant? le lendemain le châtiment sera accompli.

Tous ces détails paraîtront odieux et ce moyen, cruel au même titre que le lâche massacre, fera frémir non seulement les moralistes, mais tout homme de cœur, terrifiera le monde civilisé, mais n'est-il pas cruel ce monde civilisé lui aussi lorsqu'il se jette tel le chien à la curée, au nom du prosélytisme et de la civilisation, sur les peuples paisibles et sans défense? Qui donc portera le poids de ce crime?

Sont-ce les Égyptiens? Non. On sait qu'ils n'ont fait appel à ce moyen qu'à bout de patience et après des années de lutte, après avoir essayé tous les moyens de conciliation possibles. Qui donc alors, qui donc devra être fui et traité avec horreur si ce n'est ce gouvernement qui par rapacité, avec un entêtement aveugle s'est obstiné à demeurer alors qu'on le chassait. Le voilà l'assassin des malheureux qui auront péri. Ainsi que l'infortunée Lady Macbeth, il ne pourra effacer la tache qui ternira ses mains.

Et vous vous tous gouvernements impériaux d'Europe qui pour satisfaire votre désir insatiable de richesses avez foulé aux pieds les droits des hommes, vous êtes tous solidaires, et vous porterez en commun le poids de justes représailles. Craignez que tous les peuples faibles écrasés sous votre joug n'en usent un jour de semblables.

Et vous, rois, emprereurs, chefs de gouvernement, si le cri de la conscience n'est pas complètement éteint en vous, vous entendrez les cris d'agonie des millions d'êtres assujettis, morts de faim sous votre domination, et celui de vos propres compatriotes victimes de votre ambi·tion.

Qu'ils soient maudits ceux qui ne répandent partout que la haine et le meurtre, qui d'âmes pures et aimantes ont fait un abîme de rancœur.

Nous terminerons ici les grandes lignes de cette ébauche, chacun des points n'est ici qu'indiqué et demanderait des pages de développement. Nous avons essayé de mettre en lumière la progression des moyens à employer, qui de pacifiques deviendront violents suivant la nécessité.

—— ··◆◆◆◆◆ ··——

En résumé :

Rien à attendre de l'extérieur. Pour s'affranchir de la domination britannique, l'Egypte ne doit compter que sur ses propres forces.

Nécessité d'une solidarité de tous les nationalistes, union discipli·naire, possédant un siège central d'où émaneront des ordres devant être remplis religieusement.

Le programme de la jeune Egypte sera :

Développement du sentiment national parmi le peuple, par la vulgarisation de brochures et de journaux.

Développement du même sentiment parmi les troupes indigènes, dont elle devra toujours s'assurer la collaboration.

Développement économique, amélioration de l'agriculture, développement des industries nationales, rachat des entreprises étrangères, développement du commerce de façon à accroître la richesse du pays, et à mettre l'Egypte en état de s'acquitter envers l'Europe.

Adresse à faire parvenir au gouvernement britannique, par laquelle les Egyptiens exprimeront en termes modérés leur volonté d'être un peuple libre, et proclameront l'impérieuse nécessité de leur droit.

En cas de non-acceptation, application du boycottage au sens le plus large du mot.

Soulèvement général et national, et guerre à outrance contre l'Anglais. (Action du côté du Soudan et de l'Abyssinie.)

Tous les moyens précédents ayant échoué, extermination générale des Anglais résidant en Egypte.

Voici ce court aperçu terminé. Nous souhaitons très sincèrement l'affranchissement de l'Egypte, d'abord au nom même de la liberté et de la justice, car ce nous est une souffrance de contempler l'asservissement et la spoliation d'un peuple; ensuite parce que le sort de l'Egypte est en quelque sorte lié à celui de l'Inde. L'Egypte libre, on peut dire que l'Inde n'attendra pas longtemps pour proclamer ses droits à son tour.

Quelles raisons nous permettent de formuler une telle assertion?

Nous allons premièrement invoquer celle du chauvin anglais.

« L'Egypte, disait-il, se trouve sur la route de l'Orient, et si une puissance hostile à l'Angleterre la possédait, cela entraînerait la perte rapide de l'Inde. Je considère comme la clef de voûte de l'impérialisme britannique le maintien sous notre autorité de tous les points placés sur la route de l'Inde ou dans les environs; et c'est pourquoi j'estime que puisque nous sommes en Egypte, nous devrions certainement y rester. » (1)

Voici maintenant une autre raison qui est la nôtre et est basée sur l'exemple et la réflexion. C'est la même raison que nous invoquions lorsque nous parlions de l'assassinat politique.

L'histoire nous montre que les grands mouvements qui ont secoué un pays se sont fait sentir au delà des frontières. On peut dire que la Révolution française a appris aux peuples à combattre pour leurs droits et les différentes révolutions de 1830 et de 1848 se sont répercutées à l'extérieur sous forme d'une recrudescence d'agitation. C'est par l'exemple que l'émancipation de l'Egypte servira la cause hindoue.

L'élan sera donné. Et l'on peut affirmer que l'annonce de ce qui se passera sur les bords du Nil se fera sentir dans des proportions plus grandes sur les bords du Gange. Et les deux pays unis par le malheur le seront par la liberté.

C'est pourquoi nous adressons du fond du cœur nos meilleurs vœux de succès aux nationalistes égyptiens, et nous souhaitons à la jeunesse ardente et cultivée de se rallier à la cause émancipatrice. La tâche sera

(1) *L'Emancipation de l'Egypte*, A. Z.

dure, longue, hérissée de difficultés; c'est alors qu'ils devront se rappeler et méditer ce vers de Corneille :

« A vaincre sans péril, on triomphe sans gloire ».

Ils devront se rappeler que c'est la jeunesse qui a toujours été à la tête des grands mouvements généreux, désintéressés et nous espérons qu'elle ne se laissera pas abattre par les difficultés et même l'impossibilité apparente des choses. Pour elle seule, nous nous permettons de clore avec ce vers d'Alfred de Vigny :

« Qu'est-ce qu'une grande vie?

Une pensée de la jeunesse, réalisée par l'âge mûr. »

Nous espérons que la grandeur de la tâche sera pour la séduire, et qu'elle se donnera tout entière à la poursuite de ce beau but.

C'est le souhait que nous formons pour la Jeune Egypte.

Paris, le 12 décembre 1910.

MATHILDE DEROMPS.

Lève la tête, Egyptien, et défends-toi !
Les hommes de cœur t'accompagneront.

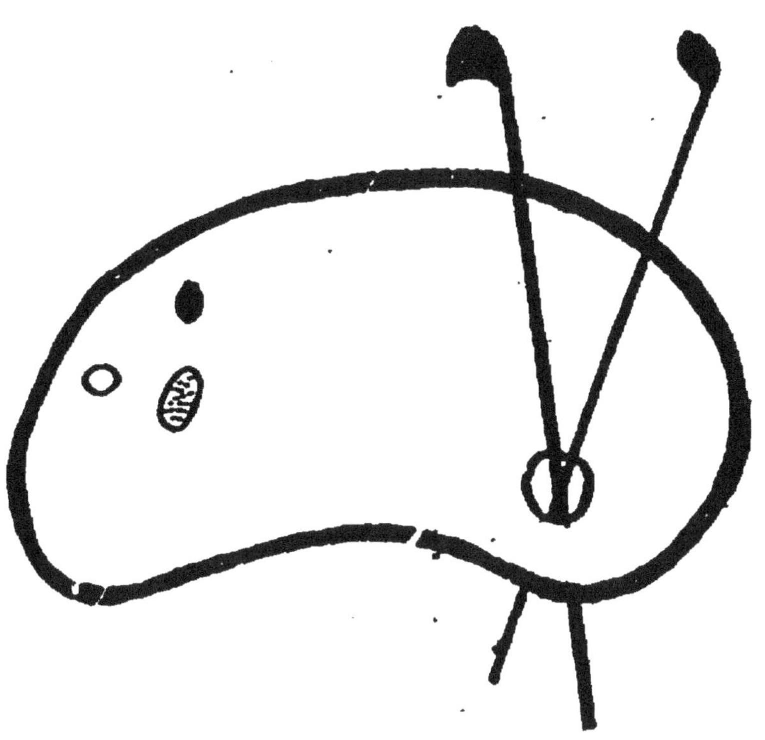

ORIGINAL EN COULEUR

HF Z 43-120-8

www.ingramcontent.com/pod-product-compliance
Lightning Source LLC
Chambersburg PA
CBHW061717060726
47597CB00006B/2423